CLIENTE,

EU NÃO VIVO SEM VOCÊ

O que Você Precisa Saber sobre Qualidade
e Experiência de Clientes para Lucrar Mais

Sérgio Almeida

CLIENTE,
EU NÃO VIVO SEM VOCÊ

O que Você Precisa Saber sobre Qualidade
e Experiência de Clientes para Lucrar Mais

MADRAS®

© 2017, Madras Editora Ltda.

Editor:
Wagner Veneziani Costa

Produção e Capa:
Equipe Técnica Madras

Fotografia do Autor:
Roberta Paro

Ilustrações Internas:
Rogério Rios

Revisão:
Silvia Massimini Felix
Maria Cristina Scomparini

Dados Internacionais de Catalogação na Publicação (CIP)
(Câmara Brasileira do Livro, SP, Brasil)

Almeida, Sérgio Cliente, eu não vivo sem você: o que você precisa saber sobre qualidade em serviços e clientes para lucrar mais/Sérgio Almeida. – São Paulo: Madras, 2017.
Bibliografia.
ISBN: 978-85-370-1043-3

    1. Clientes – Contatos 2. Clientes – Satisfação 3. Marketing de relacionamento 4. Qualidade em serviços 5. Serviços aos clientes 6. Sucesso nos negócios I. Título.

17-01152   CDD-658.812

Índices para catálogo sistemático:
1. Clientes: Relacionamento: Administração de marketing 658.812
2. Clientes: Serviços: Administração de marketing 658.812

É proibida a reprodução total ou parcial desta obra, de qualquer forma ou por qualquer meio eletrônico, mecânico, inclusive por meio de processos xerográficos, incluindo ainda o uso da internet, sem a permissão expressa da Madras Editora, na pessoa de seu editor (Lei nº 9.610, de 19/2/1998).

Todos os direitos desta edição reservados pela

MADRAS EDITORA LTDA.
Rua Paulo Gonçalves, 88 – Santana
CEP: 02403-020 – São Paulo/SP
Caixa Postal: 12183 – CEP: 02013-970
Tel.: (11) 2281-5555 – Fax: (11) 2959-3090
www.madras.com.br

*"É muito triste fazer uma coisa
só pensando em grana."*
Amyr Klink

Este livro é dedicado a todas as pessoas que pensam
como Amyr Klink.

Lançado inicialmente em 1995, *Cliente, eu não vivo sem você*, tornou-se um Clássico que apontou tendências, hoje sendo concretizadas no mundo dos negócios. Leitura indispensável para todos que buscam entender a base histórica, sua evolução e tendências da relação cliente empresas.

Índice

Introdução 13
Ética Construtiva 15
Primeira Parte: **Qualidade em Serviços – Teoria Essencial**

Capítulo 1. **Momento da Verdade (MV) – um Conceito como Base Fundamental** 19
A importância do conceito MV 19
Momento da Verdade (MV) – o que é? 21
O significado do MV – com a palavra, os pioneiros 26
MV – onde tudo começa ou tudo termina 27
Classificação dos Momentos da Verdade 28
Todos os MVs são importantes, porém alguns são críticos 33
O Ciclo de Serviços 36
Gerenciando os Momentos da Verdade 37
Interpretação do MV: cuidado com as armadilhas! 38

Capítulo 2. **Nível de Serviços – Realidade no Brasil e no Mundo** 43
A situação no Brasil – uma lástima! 43
O julgamento da qualidade – de quem é a culpa? 49
Serviço ruim só se vê no Brasil. Uma tremenda injustiça! Segundo Tom Peters: "De forma geral, nos Estados Unidos, os serviços fedem" 51
Má qualidade nos serviços, um problema mundial 54

Capítulo 3. **Qualidade em Serviços
– o Grande Diferenciador** 57
Tecnologia já não é mais uma vantagem
competitiva – quem não tem, está fora! 57
A arena da briga agora é outra 58
A mudança da regra nos favoreceu. Agora temos
condições de ser os melhores do mundo.
Há modalidade em que já somos campeões 60

Segunda Parte: **Introdução à Clientologia**

Capítulo 4. **O Que é Clientologia?** 65

Capítulo 5. **Uma Breve História sobre Clientes** 67
O cliente na Idade Média 67
A Era do Produto 70
A Era do Cliente 72

Capítulo 6. **A Revolução do Cliente** 73
O Japão deu a largada... mas só em produtos! 73
Por que o cliente está cada vez mais exigente?
– Fatores determinantes da mudança 75
Enfim, o cliente assume o poder 85

Capítulo 7. **Mas, Afinal, o Que o Cliente Quer?** 87
O cliente quer mais qualidade ou menor preço?
Nem um, nem outro! 87
O processo de agregação de valor para o cliente 89
Eduque o cliente – a responsabilidade é sua! 91

Capítulo 8. **A Próposito, Quem é o Cliente?
A Resposta Não é Tão Simples e Imediata
Quanto Parece** 93
Cachorro é cliente? 93
Cuidado! Há cliente que você olha e não enxerga
– o cliente oculto 94

Capítulo 9. **A *"Redescoberta"* do Cliente – uma Tarefa Inádiavel para Quem Busca Sobreviver** 97
Por que *"redescobrir"* o cliente? 97
Operação Resgate – Fase I: o mapeamento dos clientes 98
Operação Resgate – Fase II: a "redescoberta"
propriamente dita. Exercício.. 101

Terceira Parte: **A Empresa Focada no Cliente e Sua Satisfação**

Capítulo 10. **O Foco no Cliente Como Alvo Prioritário para o Sucesso – Critérios de Excelência do Prêmio Nacional da Qualidade (PNQ)** 107

Capítulo 11. **E Sua Empresa, é ou Não é Focada no Cliente?** 111
O que significa ser focado no cliente: o ponto de
vista do PNQ – os itens de avaliação 111
"O Cliente em primeiro lugar" – na prática a teoria é outra – Três testes para saber se a empresa é ou não é focada no cliente; ou como fazer uma auditoria da qualidade em serviços
em cinco minutos... 112
A cultura voltada para o chefe está atrapalhando,
e muito!.. 117

Capítulo 12. **O Que Fazer para Criar uma Cultura Voltada para o Cliente – Ações Prioritárias** 121
Como presidente inverta tudo, fique de cabeça para baixo 121
Promova uma forte campanha de conscientização – uma verdadeira "lavagem cerebral" coletiva.. 125
Inaugure na empresa a prática de ouvir a voz do cliente............. 128

Quarta Parte: **O Cliente Encantado**
– um Novo Conceito para a Qualidade

Capítulo 13. **O Que Significa Satisfazer o Cliente?** 133
O que é expectativa do cliente? 133
O que é percepção do cliente? 134
A equação da satisfação do cliente 135
Fatores que influenciam na percepção e na
expectativa dos clientes 135

Capítulo 14. **A Empresa do Terceiro Tipo – Classificação das Empresas Quanto ao Relacionamento com os Clientes** 139

Capítulo 15. **Expectativa x Percepção do Cliente – um Jogo Perigosíssimo** 143
Brincar com a expectativa do cliente é brincar com fogo.
Tem gente que está se queimando 143
Propaganda – você não imagina o mal que
ela pode fazer! 144

Capítulo 16. **Encantar o Cliente: O Que é? O Que Não é?** 149
Em primeiro lugar, encantar o cliente é antes
de tudo não desencantá-lo, é falha zero. Os três
mandamentos do encantamento 149
Projetos e ações que encantam o cliente – exemplos 150
Encantar é surpreender o cliente 151
Tudo tem limite. Encantamento também.
A questão é saber: qual o limite? 152
Para encantar o cliente é necessário
gastar muito dinheiro? 155
Cuidado! Encantamento não é promoção,
que se dá hoje e se tira amanhã 159

Capítulo 17. **O Gerenciamento do Encantamento** 161

Quinta Parte: **Para Onde Estamos Indo?
Realidade & Tendências**

Capítulo 18. **Exclusão do Mercado para as Empresas
Que Desencantam** 165
O encantamento do cliente passa a ser piso 166
Relação ganha-ganha: outro princípio de negócio
será inaceitável 167
O cliente ciente e consciente passa a ser regra,
e não exceção 170
O mundo – a nova vitrine do cliente 171

O cliente não aceitará mais ser tratado como "massa" – surge a
"Customização Maciça".. 172
Acelerada agregação de valor em produtos e serviços 175
Remover obstáculos e criar cada vez mais
conveniências para os clientes... 176
Conhecer o cliente como a "palma da mão"................................. 179
O conceito de cliente mudou. O cliente não é mais quem compra
uma vez, mas quem volta para comprar a segunda vez 180
O cliente ex-chato passa a ser visto
como cliente VIP.. 181
"Amar o cliente", uma vantagem competitiva 183

Sexta Parte: **Em Síntese, Conselhos aos Candidatos a Sobreviventes**

Capítulo 19. **Ações Indispensáveis para Sobreviver
na Era do Cliente**.. 189

Capítulo 20. **Três Motivos para a Promoção da Excelência
em Serviços – Escolha pelo Menos Um!** 191
Para finalizar, uma visão 193

Referências Bibliográficas... 195

Introdução

É do cliente que vem o lucro, o salário, os impostos, o supermercado, o colégio das crianças, etc. etc... Enfim, sob o ponto de vista material, tudo tem origem no cliente. Mas, por incrível que possa parecer, muita gente ainda não percebeu essa verdade – pelo menos é essa conclusão a que se chega ao se sentir "na pele" o nível de tratamento dispensado pelas empresas e seus funcionários aos clientes, no cotidiano. Há muita gente dormindo em "berço esplêndido": muitas empresas e "líderes" empresariais – ou melhor, chefes, ou melhor ainda, "chefinhos" (por favor, não confundir líderes com chefes; líderes têm visão!) – continuam agindo como se ainda vivessem na Era do Produto. Uma época em que, para a empresa ser bem-sucedida, bastava voltar-se para dentro e se preocupar com a produção, com o produto; enquanto isso, os funcionários voltavam-se para os chefes. E o cliente? Quem se preocupava com o cliente? Que cliente! Esse tempo acabou. Hoje o centro de todos e de tudo é o Cliente. Já estamos vivendo na Era do Cliente (psiu! tem gente que ainda não foi avisado!). É preciso acordar e agir rápido, muito rápido.

O livro *Cliente, eu não vivo sem você* propõe-se a questionar, fazer refletir – e, o que é mais importante, a agir! – sobre questões fundamentais, tais como: qual o princípio fundamental da qualidade em serviços? De onde vem a grande inspiração? Como e por que evoluímos da Era do Produto para a Era do Cliente? Por que e em que a Era do Cliente é radicalmente diferente da Era do Produto? Qual a intensidade da revolução em serviços, que ocorre no mundo, e quais as implicações desse movimento para as empresas e para as pessoas?

Quais os fatores que estão levando os clientes a mudarem de comportamento de forma radical? Por que as empresas pensam que sabem, mas na verdade não sabem, quem são seus clientes? O que é necessário saber para se afirmar com convicção "eu conheço meu cliente"?

O tópico "A empresa focada no cliente e em sua satisfação" mostra e demonstra por que o foco no cliente deve ser alvo prioritário para uma empresa que pretenda ser bem-sucedida na atualidade. Aqui você também vai aprender uma forma simples de fazer uma auditoria para concluir se uma empresa é, ou não é, focada no cliente. Quais os passos necessários para "contaminar" a empresa com a proposta de ser totalmente centrada no cliente? Por que as empresas de visão já embarcaram na política de encantamento do cliente? Encantar o cliente: o que é? O que não é? Quais as tendências no relacionamento com os clientes? Para onde estamos indo? Essas e outras questões são apresentadas e discutidas, de forma prática, dentro de nossa realidade, da realidade Brasil.

Nossa ambição é ser simples e diretos, o máximo possível, como tudo que efetivamente valha a pena. Apesar de alguns tentarem complicar – graças a Deus, todos que tentam isso fracassam! –, a qualidade é simples.

Há certas coisas na vida que são indispensáveis. Respirar é uma delas; ter clientes é outra. Nunca é tarde para se "descobrir", para se "despertar"; será?

Esperamos que este livro possa contribuir, de forma prazerosa, para seu sucesso e o de sua empresa. Após sua leitura, fica nossa expectativa de que você possa exclamar: "Valeu!". Afinal, "eu não vivo sem você".

Sérgio Almeida

Ética Construtiva

Toda a teoria apresentada neste livro é permeada por exemplos, *cases* e situações do cotidiano, baseados na experiência pessoal e empresarial; em relatos feitos pelos participantes de palestras, cursos e seminários em todo o país; e em fatos e dados divulgados e coletados na imprensa especializada. Os *cases* aqui apresentados, de forma geral, classificam-se em positivos ou negativos.

Dentro do texto, toda vez que a situação relatada for negativa, ou pejorativa, o nome verdadeiro da empresa citada será substituído por um nome fictício. Nesse caso, o nome da empresa será seguido de um asterisco(*), atestando essa substituição.

Entendemos que um livro – ao contrário de um jornal – não é um canal adequado para denunciar nenhuma empresa, independentemente de ela merecer ou não. O objetivo aqui é apenas didático. Portanto, reservamo-nos o direito de não "queimar" publicamente a imagem de nenhuma organização. Mesmo porque, na vida, estamos todos buscando acertar, de uma maneira ou de outra, mesmo que alguns ainda estejam em um estágio primitivo. Entretanto, a maioria dos nomes fictícios poderá ser decodificada – caso queira o leitor, para efeito de pesquisa ou estudo mais apurado – por meio das referências bibliográficas.

Por outro lado, toda vez que o fato envolvendo uma empresa for positivo, o nome apresentado será o verdadeiro. Entendemos que o que é bom deverá ser divulgado e promovido. Dos maus exemplos, fica a lição de como não fazer. Só isso basta. Do bom exemplo, mais que a lição de como fazer, fica também a referência a ser seguida, como fonte de inspiração. Chamamos essa maneira de proceder – seja em palestras, conferências, debate público, em artigos ou textos de livros – de Ética Construtiva.

Primeira Parte

Qualidade em Serviços
Teoria Essencial

Capítulo 1

Momento da Verdade (MV): um Conceito Como Base Fundamental

A importância do conceito MV

O conceito do MV é a base e o princípio fundamental da teoria sobre qualidade em serviços. É um conceito simples, porém com um grande poder impactador e revolucionário. É um marco referencial; é o ponto de partida. E o que vem a ser MV? Antes do conceito, uma história...

Aconteceu...

Entusiasmado com o sucesso do Brasil no vôlei, fui jogar uma partida, e não deu outra: na primeira intervenção, fraturei o dedo. Isso não foi nada, o pior estava por vir. Que hospital ou clínica deveria procurar? Não tinha a menor ideia.[1] Fui atraído por um belo outdoor promocional de uma clínica especializada em ortopedia. Lembrei-me de que essa clínica era muito "agressiva" em publicidade, sempre investia muito na promoção de seu nome. Deveria ser muito boa (certo?). Em pouco tempo estava lá. [2] Estacionei o carro com facilidade – havia um amplo estacionamento.[3] Dirigi-me à recepção. Fiquei aguardando cerca de 30 segundos (!?) para que a recepcionista percebesse que acabara de chegar alguém (ou melhor, um cliente). Tomei a iniciativa – já que a recepcionista havia ignorado minha presença. Fiz cinco perguntas, das quais três ela não soube responder (!?!?).

[4] Enquanto aguardava ser atendido, perguntei onde era o sanitário. Resposta: "Desculpe, mas estamos com um probleminha, o sanitário está interditado". [5] Um funcionário, que estava fazendo a limpeza, ouvindo a conversa, dirigiu-se a mim e perguntou: "O senhor quer ir ao sanitário fazer o quê?" (!?). Aquela pergunta me desestruturou. O que alguém poderia fazer em um sanitário? Mas percebi inocência, e uma verdadeira vontade de servir (o que não havia encontrado na recepcionista). Entrando no "clima", respondi: "Quero fazer xixi". Ele me respondeu: "Ah, isso pode, o que não pode é aquilo" (!!?!!?!!). Com toda a gentileza, ele me acompanhou ao sanitário, explicando que o mesmo estava interditado por um problema na "descarga"; "mas já avisei à gerência há dois dias"(!?) e o problema seria resolvido...

[6] Chegou a hora de ser atendido. O médico parecia um nazista. Abusava do fato de ser "frio" e antipático. [7] Mandou-me a uma sala ao lado para tirar a radiografia. Esperei cerca de cinco minutos, ninguém aparecia. Nenhuma satisfação. Fui à recepção comunicar o fato. Só algum tempo depois apareceu a responsável, comentando com a colega: "Puxa, é a terceira vez que interrompem meu lanche". [8] Finalmente a conta... rápida? Um sonho. Levou mais de 20 minutos. Fui embora indignado. Nunca mais voltei!

Momento da Verdade (MV) – o que é?

De maneira preliminar podemos dizer que...
o momento da verdade é todo momento de contato entre o cliente e a empresa

No caso relatado, como cliente, vivenciei oito principais Momentos da Verdade (MVs):

[1] Publicidade & Propaganda
[2] Estacionamento
[3] Recepção
[4] Sanitário
[5] Funcionário
[6] Médico
[7] Serviço de Radiografia
[8] Fechamento da Conta

MV [1] – Publicidade & Propaganda

Normalmente a propaganda é o primeiro MV do cliente com a empresa. Nesse caso, fui atraído de forma competente. Essa empresa consegue atrair clientes por meio de campanhas muito bem feitas. Mas poderia ser ao contrário? A propaganda poderia ser malfeita, enganadora e até mentirosa; ou, simplesmente, a empresa não fazer nenhum tipo de propaganda.

MV [2] – Estacionamento

O que tem a ver estacionamento com um determinado tipo de negócio? Tudo. Se o cliente não tem a "conveniência" de ir até você, o problema é seu, e não dele. A ausência de estacionamento, ou a dificuldade para estacionar um carro, pode afetar seriamente o volume de negócios de uma empresa. No caso da clínica Never*, o estacionamento era adequado e amplo.

MV [3] – Recepção
Este é um MV extremamente crítico. O nome diz tudo: "Recepção". De tão crítico que é, chega a ser definidor de futuros negócios. Na clínica Never*, o MV "Recepção" foi terrível. Funcionária desatenta e, o que é pior, totalmente despreparada e desinformada para exercer a função. Lembre-se: fiz cinco perguntas, das quais três ela não soube responder. E confesso a você que eu não perguntei quem era o presidente do Líbano; todas eram perguntas que diziam respeito ao trabalho dela.

MV [4] – Sanitário
Como é possível uma clínica que se posiciona como a melhor do mercado, que investe milhões de reais em publicidade, deixar um sanitário sem condições de uso por dois ou mais dias? Explica-se, mas não se justifica, sob nenhuma hipótese.

MV [5] – Funcionário da Limpeza

Mérito individual. Louvor para esse funcionário, por sua boa vontade e disposição em servir. Entretanto, seu nível de preparação para se relacionar com o cliente era nulo (a culpa é dele?). A preparação e o treinamento do funcionário são de responsabilidade da empresa. E nesse caso era evidente que o funcionário não tivera nenhum treinamento preparatório. Enfim, para o funcionário, por sua predisposição em servir, nota dez. Para a empresa: zero.

MV [6] – Médico

"Parecia um nazista." Durante todo o tempo da consulta, procurei criar um clima amistoso – e olhe que a obrigação seria dele –, mas não tive sucesso. Simplesmente um absurdo! Por diversas razões. Primeiro, eu era um cliente (ou melhor, paciente; haja paciência!). Segundo, eu estava pagando, não estava pedindo favor, não era assistência pública (e, mesmo que fosse, o médico teria o direito de se comportar daquela maneira?). Por último, se não é aceitável, de nenhum profissional, um relacionamento "frio" com um cliente, muito menos de um médico. Resultado: aquele médico... nunca mais!

MV [7] – Serviço de Radiografia

Aqui ocorreram três pecados mortais em serviços:

1º – Espera: uma das coisas que mais incomoda o cliente é a espera; principalmente quando esta poderia ser evitada.

2º – Não satisfação: esperar já é ruim, mas se agrava ainda mais quando ninguém dá uma justificativa do porquê da espera.

3º – Desrespeito: a funcionária comentou com a colega, sem nenhuma preocupação quanto ao cliente estar ouvindo: "É a terceira vez que interrompem meu lanche". Uma "tijolada". Sem comentários.

MV [8] – A Conta

Na secretaria da Clínica Never* ninguém se entendia. A tabela de preços estava errada. Havia dúvidas sobre qual material e de que tipo fora utilizado pelo médico. Liga para cá, liga para lá. E o cliente esperando. Reclamar? Dizer o quê? Para quem? Adiantaria? Àquela altura, o que eu mais desejava era sair dali... Esperei 20 minutos Ufa! A conta saiu. Paguei e nunca mais voltei!

    Nos tópicos seguintes, vamos aprofundar o significado teórico e prático do Momento da Verdade.

O significado do MV – com a palavra, os pioneiros

Jan Carlzon – É o "pai da criança"? Não!..uma questão de justiça!

Há um erro muito comum ao pensar que Jan Carlzon foi o criador do neologismo "Momento da Verdade". Uma injustiça! Jan Carlzon tem um grande mérito nessa história, mas apenas como executivo pioneiro na prática do conceito. No início da década de 1980, Jan Carlzon assumiu o comando da SAS;[1] na oportunidade, a empresa estava com grande prejuízo operacional, e em pouco tempo passou a ter resultados extraordinários. Essa famosa reviravolta de negócios, registrada na história do mundo empresarial, teve como base fundamental o MV. Com o sucesso de Jan Carlzon, ficou demonstrado que o MV era um conceito simples (extremamente simples!), porém profundamente revolucionário. Carlzon publicou o livro *Moments of Truth*[2] (Momentos da Verdade), em que conta em detalhes essa extraordinária façanha. Esse livro é declaradamente fonte de inspiração de muitos empresários e executivos de sucesso no Brasil e no mundo. Vejamos o que Carlzon fala sobre os MVs:

> "... A SAS é 'criada' 50 milhões de vezes por ano na mente de nossos clientes, (...) Estes 50 milhões de "momentos da verdade" [grifo nosso] são os que basicamente determinam se a SAS será bem-sucedida ou falhará como empresa. Estes são os momentos em que precisaremos provar a nossos clientes que a SAS é sua melhor alternativa".
> (Carlzon, 1989, p. 16)

Karl Albrecht – O promotor mundial

O marco do trabalho de Karl Albrecht, em parceria com Ron Zemke, foi o lançamento do livro *Service America! Doing Business in the New Economy* (Prestação de Serviços na América! Fazendo

---
1. Scandinaviam Airlines System (SAS) é um consórcio formado por companhias aéreas nacionais do qual participam: Dinamarca, Noruega e Suécia.
2. Este livro foi traduzido no Brasil com o título de *A Hora da Verdade*. Rio de Janeiro: COP, 1989. A edição brasileira traduz a palavra "moments", que significa "momentos", como "hora".

Negócios na Nova Economia) [Albrecht, 1985], ocorrido em 1985, nos Estados Unidos. Posteriormente, em 1988, Karl Albrechet lançou o livro *At America's Service: How Corporations Can Revolutionize the Way They Treat Their Customers*, trabalho traduzido no Brasil com o título *Revolução nos Serviços* (Albrecht,1992). Em função do extraordinário "poder de fogo" do mercado americano, alinhado ao conceito de que goza o autor, esse livro permitiu a difusão, em larga escala, da experiência de Jan Carlzon, e consequentemente do conceito do MV.

Mérito de Karl Albrecht: Promotor do conceito do MV em nível mundial.

Karl Albrecht conceitua o MV de forma simples e objetiva:

> "Qualquer episódio no qual o cliente entra em contato com algum aspecto da organização e obtém uma impressão de seus serviços"
>
> (Albrecht, 1993, p. 108)

Richard Normann – Méritos para o ilustre desconhecido

Richard Normann é verdadeiramente o grande precursor da qualidade em serviços; e, também, o criador do conceito do MV. O próprio Karl Albrecht reconhece isto:

> *"Na verdade, a expressão 'momento de verdade' [grifo nosso] foi usada pela primeira vez neste contexto pelo consultor gerencial sueco Richard Normann, que a sugeriu a Carlzon. Ele achou a expressão extremamente útil para a transmissão de sua mensagem de qualidade a todos os funcionários da SAS".* (Albrecht, 1993, p. 108)

MV – onde tudo começa ou tudo termina

> *"A maioria dos serviços é resultado de ações sociais que ocorrem no contato entre o cliente e os representantes da empresa de serviços. Tomando uma metáfora das touradas, podemos dizer que a qualidade percebida é realizada no momento da verdade*

[grifo nosso] quando o prestador de serviço e o cliente se confrontam em uma arena."
(Normann, 1993, p. 33)

"A qualidade experimentada pelo cliente é criada no momento da verdade [grifo nosso], quando o prestador de serviços e o cliente encontram-se em interação face a face. O sistema de prestação de serviços, mais perfeitamente projetado e preparado, falhará, a menos que as coisas funcionem. Assim, qualquer pesquisa sobre qualidade deve ter início na microssituação de interação com o cliente, o momento da verdade." [grifo nosso]
(Normann, 1993, p. 167)

É quase intuitivo concordar que o Momento da Verdade (MV) é o ponto de partida da teoria da qualidade em serviços. Efetivamente, é no MV que tudo começa ou tudo termina. Onde se cativa ou expulsa o cliente para sempre. Cada MV é uma oportunidade única para a empresa, através de seus funcionários, conquistar ou expulsar o cliente em definitivo. Como disse Jan Carlzon, é nos MVs que a empresa tem a oportunidade de mostrar ao cliente "que ela é sua melhor alternativa", ou, como preferem outros, "sua pior alternativa"!

O MV tem um tremendo "poder de fogo" construtor ou destruidor. Com a internalização desse conceito por toda a empresa, é possível conseguir extraordinários resultados em serviços.

Classificação dos Momentos da Verdade

Classificamos os momentos da verdade em três tipos:

- **MVT** – Momento da Verdade Trágico (ou desencantado).
- **MVA** – Momento da Verdade Apático (ou normal).
- **MVE** – Momento da Verdade Encantado (ou mágico).

MVTs – Momentos da Verdade Trágicos (ou desencantados):

São os momentos em que os funcionários exercitam toda a sua capacidade criativa no sentido de "expulsar" o cliente. Todas as ações "parecem" ser cuidadosamente planejadas com o objetivo de fazer com que o cliente jamais volte a realizar negócio com a empresa, ... "São estratégias de expulsão dessa figura 'chata', incômoda e absolutamente dispensável". (Almeida, 1993, p. XIII). Chamamos de MVs "trágicos" porque eles se constituem em verdadeira tragédia na relação cliente–empresa. No caso da Clínica Never*, entre os oito principais MVs, seis foram trágicos! Inesquecíveis momentos ou situações desagradáveis com que convivemos. Resultado: não voltar nunca mais lá; assim como recomendar que ninguém faça essa loucura. Outros exemplos de momentos trágicos:

Filme: *Momentos de Horror – Confesso que Vivi I.*
Ator Principal: O Patrão Dinossáurico.
Cenário: Empresa do Primeiro Tipo (Desencantadora).

Cena 1: No aeroporto, um executivo aguarda ao lado da esteira a chegada de sua mala. Desfilam à sua frente centenas de bagagens. Depois de longa espera, a constatação: a bagagem foi extraviada.

Cena 2: O cliente é atendido de forma grosseira.

Cena 3: No restaurante recomenda-se um suco "... sem açúcar, integral". O suco vem precisamente ao contrário do que se solicitou.

Cena 4: Chega-se apressado a um banco na expectativa de se fechar um negócio "ainda hoje". A fila sepulta qualquer esperança. Definitivamente o dia está encerrado. Que fila monumental!

Cena 5: Foi prometido ao cliente o produto, em tal dia e tal hora. Não ficou pronto.

Cena 6: O cliente busca informações e constata que o funcionário responsável pelo atendimento não tem a mínima preparação ou não possui as informações necessárias ao desenvolvimento do trabalho.

Cena 7: Solicita-se uma informação por telefone; alguém, do outro lado da linha, responde: "O senhor ligue mais tarde; a pessoa responsável ainda não chegou". Desliga, e pronto!

Cena 8: _____

_____ (Esta é sua. Complete!)

Quem não vivencia cenas como essas (ou piores), a toda instante, em qualquer lugar do país?

• **MVAs – Momentos da Verdade Apáticos (ou Normais):**

> *Apatia:* "1. Estado de insensibilidade; impassibilidade; indiferença.
> 2. Falta de energia; indolência."

Os Momentos da Verdade Apáticos se diferenciam dos Momentos da Verdade Trágicos pelo fato de que, se não há nenhum desastre ou acontecimento que prejudique em demasia o cliente, por outro lado há contatos sem "alma", "frios", "indiferentes". Simplesmente nada acontece... em frações de minutos, o cliente não se lembra mais da tal empresa, loja ou pessoa que o atendeu. Com o relacionamento apático, perde-se a oportunidade de criar um vínculo (fidelização) com o cliente. O Momento da Verdade Apático não chega a ser trágico, entretanto é um "zero à esquerda", ou seja, não contribui em nada para a conquista do cliente. E a não conquista, em última instância, significa perda. Exemplos de Momentos Apáticos:

Filme: *Esqueceram de Mim – Confesso que Vivi II.*
Ator Principal: O Indolente Vendedor.
Cenário: Empresa do Segundo Tipo (Normal).

Cena 1: O cliente chega à empresa e não é prontamente atendido.

Cena 2: Liga-se para uma empresa. É nítida e irritante a falta de compromisso de quem atende ao telefone.

Cena 3: Os funcionários conversam, enquanto o cliente espera. São lentos na resposta.

Cena 4: O pessoal de atendimento não demonstra interesse. Pelo contrário, passa uma sensação de que busca "se livrar" do cliente.

Cena 5: O atendimento é feita de forma automática, absolutamente impessoal, "seco", "frio". (Tipo aeromoça)

- **MVEs – Momentos da Verdade Encantados (ou Mágicos):**

São aqueles MVs em que o cliente percebe que "ali não é um lugar comum". Percebe que naquele lugar, naquela empresa, há uma diferença em relação à maioria das outras. Assim como os MVTs

(Momentos da Verdade Trágicos), os MVEs "são inesquecíveis"; entretanto, com uma grande diferença (que diferença!): os primeiros forjam uma imagem negativa para o cliente, enquanto os segundos, uma imagem extremamente positiva. Os MVEs são "mágicos" à medida que "enfeitiçam" o cliente. A magia do atendimento encantador tem o extraordinário poder de cativar o cliente. Alguns exemplos de momentos mágicos:

Filme: *Momentos Mágicos – Confesso que Vivi III.*
Ator Principal: O Cliente.
Cenário: Uma empresa do Terceiro Tipo (Encantadora).

Cena 1: O cliente faz uma consulta a uma empresa. A informação chega em menos de dez minutos, via fax.

Cena 2: Você pagou a mais do que deveria pagar, ou não gozou de um desconto a que teria direito e não sabia. Alguém liga, avisando-lhe o fato. Seu dinheiro é devolvido.

Cena 3: Você sente que é recebido com um sorriso verdadeiro, não um "sorriso de plástico", falso e artificial.

Cena 4: A criança é surpreendida com um pirulito, oferecido por um vendedor da loja.

Cena 5: Uma empresa se lembra de seu aniversário. Você recebe um cartão parabenizando-o. "De quebra", você ganha um presente e/ou um desconto especial na semana de seu aniversário.

Cena 6: O fornecedor liga avisando ao cliente que a partir daquela data ele vai pagar menos pelo produto. Motivo: a produtividade aumentou; e a empresa tem como política repassar parte dos ganhos da produtividade para o cliente.

Qual seu sentimento quando você é surpreendido com um momento mágico?

Todos os MVs são importantes, porém alguns são críticos

O termo "crítico", dentro desse contexto, significa "vital", ou seja, um momento da verdade crítico tem o poder de causar um grande impacto (ou estrago) na relação com o cliente. Uma falha, ou disfunção, em um Momento da Verdade Crítico compromete toda a qualidade do serviço prestado, uma vez que esse momento tem uma forte influência na percepção do cliente.

Todos os primeiros contatos são efetivamente críticos. Neles, o cliente forma uma primeira imagem da organização, boa ou má. Alguns exemplos de primeiros contatos que os clientes têm no dia a dia com as empresas:

- contatos telefônicos;
- contatos via fax;
- recepção e recepcionistas;
- serviço de informações;
- limpeza e arrumação do ambiente de trabalho, etc.;
- forma de se apresentar ou de se vestir do pessoal da linha de frente.

Todos esses MVs, aparentemente inofensivos na determinação do sucesso da empresa, são protagonizados por funcionários "tradicionalmente" não valorizados (desmotivados e não treinados). Esses contatos, de inofensivos não têm nada; na verdade, possuem um grande poder para expulsar o cliente e, consequentemente, destruir um negócio, a médio e longo prazo. E é isso que vem ocorrendo na maioria das empresas.

> ***Que dizer que os MVCs (Momentos da Verdade Críticos) são apenas os primeiros?***
>
> *Não. Sem dúvida, todos os primeiros contatos são críticos, pois eles têm o poder de formar, na cabeça do cliente, a imagem da empresa. Como diz o ditado popular, "a primeira impressão é a que fica", ou seja, você não tem uma segunda chance de causar uma primeira impressão. Entretanto, outros MVs, por serem extremamente importantes no relacionamento com o cliente, devem também ser considerados críticos. Exemplo: O tempo que leva entre o cliente pedir e chegar a conta em um restaurante é um dos últimos MVs*

> que o cliente vivencia em um restaurante; e, independentemente de
> ser o último, é um MV extremamente crítico.
> Portanto, todos os primeiros contatos que o cliente tem com a
> empresa são críticos, mas não apenas os primeiros. Existem outros
> MVs, que podem estar no meio ou no final do processo; mas, inde-
> pendentemente de posição, são extremamente críticos por terem
> uma grande capacidade de impactar (agradar ou irritar) o cliente.
> Em síntese, MVC são todos os MVs que têm um poder de influên-
> cia muito forte na imagem que o cliente venha a fazer da empresa;
> e neles estão inclusos, necessariamente, todos os primeiros contatos.

Imagine um garçom servindo de unhas sujas. Que impressão passa ao cliente?

Se um único Momento da Verdade (MV) pode agradar ou desagradar a um cliente profundamente, imagine vários deles juntos... O Ciclo de Serviços!

O Ciclo de Serviços[3]

Nada mais é do que a...

reunião ordenada e sequenciada de todos os Momentos da Verdade vivenciados por um cliente em uma empresa.

Por exemplo, vejamos a seguir o Ciclo de Serviços vivenciado na Clínica Never*:

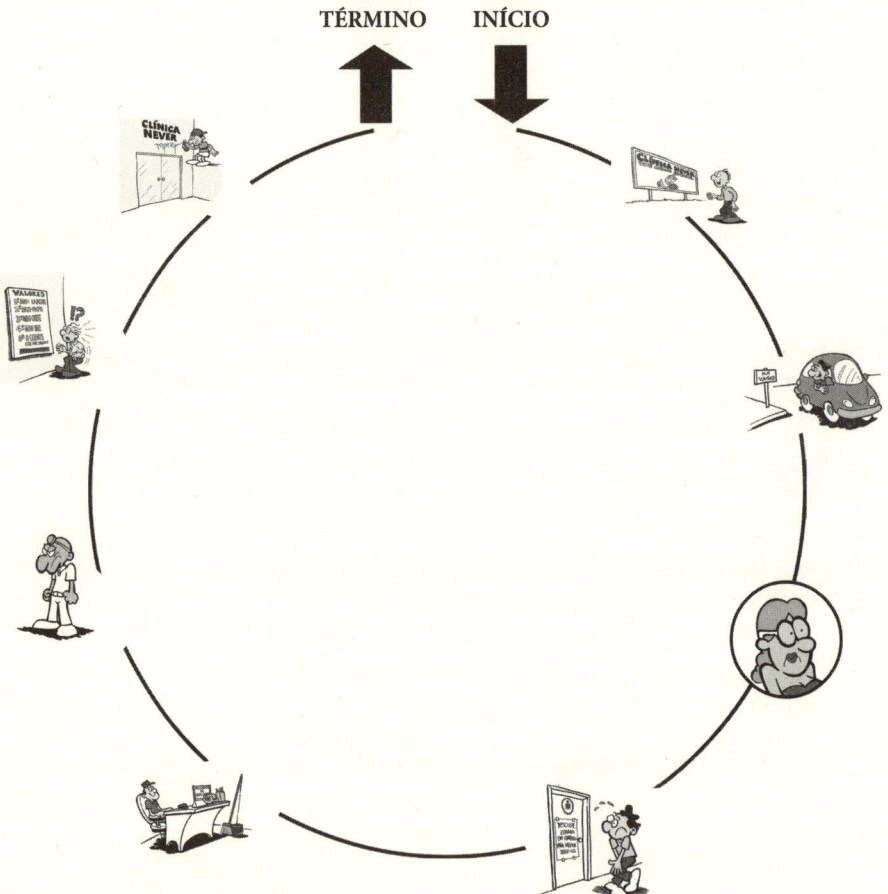

---

3. O conceito "Ciclo de Serviços" é atribuído a Karl Albrecht; entretanto, é evidente a influência dos "círculos positivos" e "círculos viciosos" de Richard Normann na obra do primeiro (ver Normann, 1993, p. 177-187).

Qual a resistência de uma corrente?

A resistência de uma corrente é a resistência de seu elo mais fraco.

Uma corrente pode ser feita com o aço mais resistente do mundo; entretanto, se um de seus elos – apenas um! – for feito de material pouco resistente, esse único elo frágil determinará a resistência de toda a corrente. Pensemos nisso!

Em síntese,

1. O Ciclo de Serviços é como uma corrente, e cada Momento da Verdade funciona como um elo. Portanto, um único Momento da Verdade desastroso compromete todo o ciclo.
2. Cada um dos MVs tem o poder único de impactar o cliente (de forma positiva ou negativa).
3. Os MVs críticos têm o poder de causar grande impacto no cliente.
4. Não adianta ter "quase" todos os MVs encantados, se um ou outro for "trágico", mesmo que esse MV não seja crítico.
5. Os MVs devem ser equalizados, todos mais ou menos no mesmo nível. Não adianta melhorar um ou outro MV; ou melhoram-se todos, ou nada feito.

Gerenciando os Momentos da Verdade

Se uma empresa ou alguém busca Qualidade Total, ilude-se em pensar que a qualidade se conquista do todo para as partes. A Qualidade Total é a soma da qualidade das partes (e as partes são formadas pelos MVs). Só a partir da conquista da qualidade de cada uma das partes se chegará à Qualidade Total. Dois exemplos:

· Um time de futebol:

Que resultado teria uma seleção de futebol formada pelos dez melhores jogadores do mundo, se apenas o goleiro fosse um "perna de pau"?

· Corpo humano:

Teria sentido a afirmação: "Fulano fez uma série de exames; os médicos constataram que tudo funciona muito bem, exceto o coração". É possível se ter saúde parcial?

Qualidade em Serviços ou é total ou não é. E, para se alcançar qualidade total, é necessário gerenciar cada MV como um centro de negócio, como se o sucesso da empresa dependesse do excelente desempenho de cada MV (e efetivamente não depende?).

> "Quando o Momento da Verdade se torna inadministrável, a qualidade do serviço tende a cair ao nível da mediocridade."
> (Albrecht e Carlzon, 1993, p. 58)

Interpretação do MV: cuidado com as armadilhas!

Poderíamos definir o conceito do MV de diversas formas; mas o que importa é seu significado na prática, independentemente de definições. Entretanto, se tivermos de ficar com uma definição, a de Karl Albrecht é bastante pertinente. Por outro lado, com o objetivo de esclarecer ou de eliminar qualquer equívoco de interpretação, referimo-nos ao MV da seguinte forma:

[1] É todo momento em que o cliente tem uma interface com a empresa.

[2] Esse contato pode ser físico ou não, [3] pode ser consciente ou inconsciente, [4] feito em primeira ou em qualquer instância.

O conceito colocado desta forma visa esclarecer – ou evitar – alguns erros de interpretação que dificultam ou desvirtuam o entendimento do MV. Vejamos:

[1] "É todo momento em que o cliente tem uma interface com a empresa." É todo e qualquer contato, sem exceção. Não são apenas os primeiros contatos, nem somente os mais

importantes, mas todos. Damos ênfase a esse aspecto no estudo do MV, pois, apesar de aparentemente simples, nesse ponto são cometidos vários equívocos. E equívocos cometidos e repetidos por gente conceituada, como o guru da administração Tom Peter. Vejamos o que ele disse sobre o MV:

"... **o primeiro encontro de 15 segundos** [grifo nosso] *entre um passageiro e o pessoal da linha de frente, do funcionário que faz a reserva até a aeromoça (...) É isso que Jan Carlzon chama de 'Hora da Verdade'.*"
(Tom Peter. In: Carlzon, 1989, p. 10)

Na verdade, houve uma retificação do conceito, feita por Karl Albrecht, quando ele diz:

"**Qualquer episódio** *[grifo nosso] no qual o cliente entra em contato com* **algum aspecto da organização**..." *[grifo nosso]*
(Albrecht, 1993, p. 108)

O "qualquer episódio" de Karl Albrecht retifica o "... primeiro encontro de 15 segundos" dito por Jan Carlzon e repetido por Tom Peter. Com isso, o significado do Momento da Verdade é colocado em seu devido lugar.

[2] "Esse contato pode ser físico ou não"

Quem disse que precisa haver contato físico ou pessoal entre cliente e fornecedor para haver MV? Muito pelo contrário; com o extraordinário desenvolvimento das telecomunicações, hoje em dia o maior número de MVs tem sido via telefone, fax, internet, etc. Por exemplo, até em setores mais tradicionais como o comércio, percebemos hoje uma tendência crescente do sistema de televendas. Neste, o contato "olho no olho" entre o cliente e o vendedor, que outrora era importante, deixa de ser uma condição indispensável para se vender.

[3] "... pode ser consciente ou inconsciente"

O cliente sabe que não está gostando de algo; entretanto, nem sempre sabe exatamente por que não está gostando. Aqui entram percepção, intuição, etc., etc. Por exemplo, é o caso de alguém não gostar de um determinado restaurante. Mas por quê? É o ambiente? A decoração? A música? O atendimento?.... Efetivamente, qual a causa do desgosto? É uma só? Mais de uma? Várias ao mesmo tempo? O importante é que o cliente não gosta e pronto! Cabe ao fornecedor do serviço ficar atento a tudo e se antecipar no sentido de prever possíveis causas de insatisfação do cliente, sejam elas conscientes ou inconscientes. Cabe ao gerente ou fornecedor detectar, eliminar e gerenciar de forma preventiva as causas da insatisfação ou do desconforto, pois o cliente só vê o efeito e, o que é pior, percebe com mais facilidade os efeitos negativos que os positivos. Infelizmente essa é uma realidade cruel: o ser humano tende a se fixar nos pontos mais negativos, esquecendo a parte boa do processo.

– Bem, estou sentindo um cheiro desagradável.
– Cale a boca, Maria; deve ser alguma comida exótica.

[4] "feito em primeira ou em qualquer instância"
Mesmo que o cliente já seja um antigo cliente, a todo novo momento em que ele volta a se relacionar com a empresa se redesenha um novo ciclo de serviço. Portanto, é preciso ficar atento. O cliente nunca está definitivamente conquistado. Essa conquista se dá a cada novo ciclo de serviço que o cliente experimenta na empresa.

Agora que conhecemos bem o princípio fundamental da Qualidade em Serviços (o MV) e estamos imunes às suas possíveis armadilhas de interpretação, vamos dar um mergulho na condição atual de serviços prestados no Brasil e no mundo.

Capítulo 2

Nível de Serviços – Realidade no Brasil e no Mundo

A situação no Brasil – uma lástima![4]

Cenas do cotidiano vividas no Brasil...

Caso 1: Acertar o pedido do cliente – "Missão Impossível"

Hotel Dubom* (categoria 5 estrelas). São Paulo (SP).

Peço um sanduíche no quarto. Explico que não como carne de qualquer espécie, vermelha ou branca. "Por favor, substitua o presunto por queijo." O sanduíche veio com bacon. No outro dia, tento de novo. Dessa vez, não veio com bacon, mas com frango! Desisti. Aproveitei e fiz jejum.

(Fonte: vivência do autor)

Caso 2: "O deboche"

Lanchonete Rick* – Shopping Center. Salvador (BA)

Com gelo? Com muito ou com pouco gelo? Com ou sem açúcar? Qualquer que seja sua opção ou pedido, com uma pequena variação do padrão, a probabilidade de vir errado é de 99,99%. É incrível a desatenção das pessoas na área de hotelaria, bares e similares.

Peço um suco integral; "para variar", outro equívoco. Dirigi-me à pessoa a quem fiz o pedido: "O suco veio errado...". Resposta: "A quem o senhor pediu? Para mim é que não foi".

(Fonte: vivência do autor)

---
4. Ver tipologia do cliente segundo o sr. Miopy, in: Almeida, 1993, p. 138 -139.

Caso 3: "O frango vegetariano"

Companhia de Aviação TOP* – a bordo do voo Brasília – Salvador

Hora do almoço a bordo. Naquele dia estava com sorte. Haviam atendido a minha solicitação de alimento especial. Quando eu abro, surpresa! Era frango. Perguntei se o frango era de soja (?!?). Não sei como, mas conseguiram errar. O mais impressionante é que a embalagem estava violada, e uma etiqueta indicava que a alimentação era vegetariana.

(Fonte: vivência do autor)

Caso 4: Burocracia – "só para chatear"

Loja D'griffe* – Shopping Center – Belo Horizonte (MG)

A loja estava com vários clientes. Enquanto esperava minha vez na fila do caixa, percebi que o terminal eletrônico do cartão de crédito não estava funcionando. A máquina que estava sendo utilizada era a manual. Para não perder tempo, preenchi um cheque. O funcionário recebeu meu cheque, carimbou no verso uma verdadeira "ficha cadastral" com nome, telefone, endereço, identidade, etc., etc., etc., e falou: "O senhor preenche esses dados, por favor". Respondo: "Pensando bem, eu não vou pagar mais em cheque, prefiro o cartão".

(Fonte: vivência do autor)

Reflexão: Por que, como cliente, eu tenho de preencher dados intermináveis? E, se essa parafernália de dados burocráticos tem de ser preenchida, quem tem esta obrigação, o cliente ou o funcionário? A propósito, essa burocracia toda protege realmente o lojista, ou serve apenas para chatear e afastar o cliente?

Caso 5: O terno fujão

Hotel Prajjá* (5 estrelas) – Curitiba – (PR)

Liguei para a lavanderia e perguntei se poderiam passar um terno em 15 minutos. Responderam: "Sim, senhor, é possível". Levaram meu terno. Trinta minutos depois, liguei cobrando (a promessa era de 15 minutos). Responderam: "Já estamos indo". Alguns minutos depois batem no meu quarto. Abro a porta e deparo com uma camareira. Por alguns segundos ocorreu uma cena pitoresca. Eu olho para ela meio perplexo porque ela não trazia o terno, ao tempo que ela também olhava para mim, também perplexa, como quem não estivesse entendendo nada. Ela criou coragem e falou: "Bom-dia, senhor, vim pegar o terno para passar". Respondo indignado: "Como? O terno já desceu há quase uma hora". "Ah, desculpe, desculpe, vou providenciar."

(Fonte: vivência do autor)

Caso 6: Hora do lanche ou bate-papo dos funcionários – "favor não interromper".

Cena ocorrida em vários lugares – Brasil

Liga-se para uma empresa para obter informações. É comum ocorrerem as seguintes possibilidades:

a) O telefone toca, uma, duas, três, quatro... ninguém atende. Não é raro a linha cair.
b) "O senhor poderia ligar mais tarde? A pessoa responsável não se encontra no momento."
c) "Informações e preços, só pessoalmente."
d) Alguém atende, mas com uma indisfarçável má vontade.

(Fonte: vivência do autor)

Caso 7: Norma é norma, padrão é para ser obedecido rigorosamente.

Loja Arell* – Porto Alegre (RS)

Compro uma camisa com estampa típica. Preço: R$ 24,02. Isso mesmo, vinte e quatro reais e dois centavos. Com o objetivo de aproximar o valor do cheque, pergunto à vendedora: "Por que dois centavos?". Resposta: "É norma da casa". Saí com a dúvida: O que era tabelado: o preço, a burocracia ou a estupidez gerencial?

(Fonte: vivência do autor)

Caso 8: Apanhar do prestador de serviço – uma possibilidade iminente.

Motorista de táxi – Rio de Janeiro (RJ)

Informo o destino. O motorista percebe que a corrida é para perto. Imediatamente "fecha a cara". Ficou no ar uma sensação de que a qualquer momento eu iria apanhar. Comecei a rezar para o Senhor do Bonfim.

(Fonte: vivência do autor)

Caso 9: O fuso confuso

Companhia de Aviação Vupt*. Voo Bruxelas – São Paulo, via Recife.
Pergunto a um membro da equipe de serviços de bordo:
"Qual a duração do voo de Bruxelas até Recife?"
Resposta: "Nove horas".
Momentos depois faço a mesma pergunta a outro membro da equipe:
Resposta: "Onze horas".
Intrigado, passado algum tempo, pergunto ao chefe de comissários.
Nova resposta: "Dez horas".
Fiquei preocupado com aquela "precisão". Será que o comandante sabia para onde estava indo?
(Fonte: vivência do autor)

Fatos do cotidiano brasileiro noticiados na imprensa

Fato 1: O sumiço das malas I

"O dentista R.V. chegou, quarta-feira passada, de Miami, sem malas, e sentiu o problema. Estivera estudando na Califórnia.
Ficou sem sua pesquisa e todas as suas melhores roupas.
Perdeu horas nos Estados Unidos e no Brasil tentando falar com a empresa Vapt*, com os telefones de atendimento permanentemente ocupados."
(*Folha de S. Paulo*, 21 dez. 1994, p. 1)

Fato 2: Sumiço das malas II – após o sumiço, o desrespeito.

"A cidadã fez um voo Aracaju – Salvador, pela Vupt*, e sua bagagem foi extraviada.
Deu entrada, no dia 12 de agosto último, em um Relatório de Irregularidade de Bagagem (RIB), e até hoje não recebeu qualquer satisfação da companhia aérea. Um desrespeito!"
(*A Tarde*, 7 set. 95, p. 2)

Fato 3: O canal da enrolação

"... tenho solicitado a ligação da TV a cabo, pela Telecano*, que fez convênio com o prédio onde moro. Já telefonei mais de dez vezes, e

recebo sempre a mesma resposta: 'Vamos providenciar'. Tudo mentira, é uma péssima organização."
(K.S. in: *Folha de S. Paulo*, 17 abr. 1995, p. B-6)

Fato 4: Queixas no Procon – Belém (PA)

"... o mês de junho registrou 3.511 atendimentos (...) Os campeões em reclamações, atualmente, são os contratos de financiamento, cartões de crédito e planos de saúde..."
(*O Liberal*, 1º jul. 1995, p. 2-3)

Fato 5: Cadê a piscina?

"M.T, advogado, diz que sua sogra, M.J.T., comprou, em janeiro, uma piscina da empresa Piscinada*, no valor de R$ 510,00, e ainda não recebeu.
Ele afirma que fretou um caminhão por três vezes para buscar a piscina em Atibaia, onde está localizada a fábrica, mas, segundo o advogado, a proprietária está sempre 'inventando uma desculpa', diz".
(*Folha de S. Paulo*, 24 jul. 1995, p. 3-4)

Fato 6: Queijo deteriorado, atendimento também!

"A estudante F.G.D., 18, comprou, em janeiro, pacotes de queijo Tôruim* que, segundo ela, estavam deteriorados, embora dentro do prazo de validade.
Ela diz ter ligado para o número no rótulo, aguardando dois meses sem resposta. Segundo ela, a empresa disse que os técnicos esqueceram de colocar o conservante (sic). Após entrar em contato novamente com a empresa, ela recebeu o produto, mas em quantidade inferior àquela que havia comprado."
(*Folha de S. Paulo*, 24 jul. 1995, p. 3-4)

Fato 7: Sobre o atendimento dispensado por uma grande montadora de automóveis.

"... além da dificuldade de entrar em contato com a pessoa certa, cheguei a esperar dez minutos até ser atendido. Além disso, não tive meu problema resolvido nem percebi empenho ou preocupação em apurar os fatos que relatei."
(M.C.M, in: *Exame*, 7 dez. 1994, p. 10)

Fato 8: Paga, mas não leva.

"De janeiro até a primeira quinzena de julho deste ano, o Procon de São Paulo registrou 120 reclamações envolvendo produtos de informática. Do total de queixas, 70% se referia à não entrega de produtos, grande parte encomendada a partir de anúncios veiculados pelas empresas nos meios de comunicação."
(*Folha de S. Paulo*, 2 ago. 1995, p. 6-4)

Fato 9: A via-crúcis do cliente.

"P.C.L. Carvalho, 50 anos, casado, procurou a Companhia Veloz* de São Paulo (...) 'Foi uma via-crúcis,' recorda. Ao chegar ao prédio da Veloz,* Carvalho dirigiu-se ao balcão de informações, deixou um documento e recebeu um crachá de autorização para subir. Logo à saída do elevador, no terceiro andar, teve de trocar o crachá, mas o segurança exigia que ele recordasse o número de seu documento, deixado momentos antes na recepção do térreo. Não conseguiu, e teve de perder mais tempo. No setor de catálogos, recebeu um novo chá de cadeira: o responsável pelo assunto ainda não havia chegado, e nenhum outro funcionário presente se dignou a atendê-lo. Após meia hora, veio afinal o 'responsável', que lhe apresentou o produto, mas informou que o pagamento deveria ser feito no caixa em outro prédio da companhia, a 500 metros de onde se encontravam. Carvalho, interessado na ferramenta de trabalho, se dispôs a enfrentar tudo de novo: duas trocas de crachá em um prédio, outras duas no segundo, até alcançar o caixa. Lá, encontrou mais uma barreira. Não havia troco, e cheque não era aceito. Muitos contratempos depois, e vencidas oito trocas de crachás, alcançou afinal seu objetivo: adquiriu o catálogo."
(*ISTO É*, 4 mai. 1994, p. 60)

Fato 10: O conto do armário.

"Comprei dois armários na loja Reiposto* do Shopping Lar Center, no dia 15 de dezembro. A entrega foi prometida para um mês depois, e não foi cumprida. Os armários chegaram em 60 dias, quando foi descontado o terceiro cheque. Um dos armários, porém, veio arranhado, com manchas e – o pior – sem a parte do fundo!!!

Minha paciência se esgotou..."
(K.N. in: *Folha de S. Paulo*, 17 abr. 1995, p. B-6)

Infelizmente, no Brasil, casos como esses são comuns e frequentes. Quem, no cotidiano, está imune a vivenciar situações como essas?

O julgamento da qualidade – de quem é a culpa?

Se a situação da qualidade em serviços no Brasil é uma lástima, de quem é a culpa?

Vamos fazer uma pesquisa interativa... com você mesmo!

Regras para que você participe da pesquisa:

1º) seja extremamente fiel à sua consciência;
2º) responda cada questão de acordo com sua experiência e percepção pessoal;
3º) leia e responda cada questão rigorosamente na sequência;
4º) dê uma nota, variando de 0 (zero) a 10 (dez) para o nível da qualidade de serviços de cada segmento perguntado;
4º) só leia a próxima questão após pôr a nota da questão anterior;
5º) utilize o formulário a seguir.

Nº	Questões	Nota (de zero a dez)
1º	Na sua opinião, qual o nível da qualidade em serviços, de modo geral, prestada no Brasil?	
2º	E o nível da qualidade em serviços prestada por sua empresa aos clientes?	
3º	E quanto ao departamento/setor no qual você trabalha dentro da empresa, qual o nível da qualidade em serviços prestada por ele aos clientes internos ou externos?	
4º	Finalmente, qual a nota que você dá a você mesmo, na condição de prestador de serviços internos ou externos à empresa?	

Um convite a uma reflexão pessoal....

- Qual a maior nota, a sua ou a do Brasil?
- A sequência de suas notas, da menor para maior, por um "acaso" foi: Brasil, empresa, departamento/setor, e, por fim, a maior nota entre todas foi a sua?

- Se o departamento/setor é formado por gente como você, se a empresa é formada por departamentos como o seu, se o Brasil é formado por empresas tipo a sua, como explicar que a nota do Brasil seja tão ruim assim?
- Será que você é a melhor entre todas as pessoas? Será que o Brasil, a empresa, o departamento/setor é, ou está assim, por culpa exclusiva dos outros?

Já fizemos essas perguntas para mais de 30 mil pessoas, em cursos e palestras realizados nos últimos anos. É muito raro aparecer alguém que sustente ter dado as notas, da maior para a menor, na seguinte sequência: Brasil, empresa, departamento/setor, e a nota pessoal. Por que há uma tendência natural de a nota do Brasil ser a menor, enquanto a nota pessoal é a maior de todas? Como explicar isso?

A explicação está no fato que chamamos de terceirização da culpa.

Pôr a culpa em terceiros, essa é a saída mais fácil. Parece ser normal, para a maioria de nós, seres humanos, pôr a culpa no outro. A culpa é do governo, dos políticos, do diretor, do chefe, do colega, do síndico do prédio, da empregada, etc. Sempre há um "bode expiatório"! E "a minha culpa", "minha máxima culpa", não há?

Moral da história: É impossível apontar um dedo para alguém, sem apontar três dedos para si mesmo.

A postura predominante de "a culpa é do outro", "a culpa é do sistema" não ajuda em nada ao desenvolvimento da Qualidade Total; muito pelo contrário, atrapalha, e bastante. Temos de inverter esse fluxo, quebrar esse círculo vicioso, dar o exemplo. Qualidade total só vai funcionar se o processo for de dentro para fora. Se quisermos resultados efetivos, e não uma maquiagem superficial, o processo tem de começar do indivíduo para a empresa.[5]

> "O homem comum é exigente com os outros; o homem superior é exigente consigo mesmo."
> Platão (filósofo grego)

Falando-se em exigência.... A propósito, essa qualidade nacional – ruim – é "privilégio" exclusivo do Brasil?

Serviço ruim só se vê no Brasil. Uma tremenda injustiça! Segundo Tom Peters: "De forma geral, nos Estados Unidos, os serviços fedem".[6]

Parece que Tom Peters tem razão; via de regra, não só nos Estados Unidos, mas nos quatro quadrantes do mundo. Pode ser até um exagero afirmar que os serviços "fedem"; mas que não andam "cheirando" bem, isso é um fato! Vejamos alguns exemplos ilustrativos:

Bélgica:

1. *Serviços de restaurante e sanitário do aeroporto internacional de Bruxelas: simplesmente terríveis! Sanitário sujo. Lanchonete inadequada. Um lembrete: Bruxelas é a capital da Europa unificada.*

   (Vivência do autor)

---

5. Sobre a influência da qualidade do indivíduo e dos valores humanos para o desenvolvimento da qualidade empresarial, ver em Lessa (1995) e em O'Donnell (1995).
6. Citado por Denton, 1991, p. XI. Tom Peters é considerado na atualidade um guru da administração.

Estados Unidos:

1. *"Obter-se um serviço com qualidade satisfatória, nesse país, em mercearias, lojas de ferragens ou empresa de computadores (...) beira o milagre."*

    (Shetty e Ross. In: Denton, p.7)

2. *"...Todos os 50 estados americanos e centenas de 'counties', ou municípios, têm departamentos de 'negócios do consumidor'. (...) perto de Washington, no estado de Maryland, há, por exemplo, 30 pessoas que se dedicam exclusivamente à proteção do consumidor. No ano passado, receberam cerca de 5 mil reclamações. A maior parte, ou 305, envolveu compra e conserto de automóveis. O segundo item mais comum são os serviços de reforma e manutenção de residências."*

    (O Estado de S. Paulo, 23 jan. 1995, p. B-10)

3. *"... O presidente Clinton, dos Estados Unidos, sancionou uma lei para tornar menos burocrático e mais barato o acesso dos consumidores à Corte Federal de Justiça, nos processos envolvendo apelos enganosos e fraudes (...). Empresas (...) forçam a venda de produtos não desejados, vendem e não entregam, prometem brindes e prêmios que não existem..."*

    (Folha de S. Paulo, 8 mai. 1995, p. 6-4)

França:

1. *"Correio sem resposta, grosseria no telefone, (...) atendimento apressado, atraso aos encontros... a imagem da quinta potência mundial fica assim manchada por pequenos problemas administrativos".*

    (Revista L'Entreprise. Citado por Bloch, p. 10)

2. *"A Choppan Générale de Leasing*: Grande companhia de leasing, igual não há. Ligo para alugar um carro. O telefone toca 30 vezes. Desligo. Tento logo depois.'Vou encontrar alguém para falar com o senhor', responde a telefonista. Espero mais de cinco minutos, após os quais, desisto."*

    (Horovitz, p. 145)

Holanda:

1. *Um carro foi alugado e entregue sujo. Após reclamação, foi substituído. O outro carro, durante uma viagem para Bruxelas, quebrou na estrada. Foi constatado que o problema era a correia do motor que partira. Motivo: manutenção inadequada. A reclamação não foi bem-aceita. Na Holanda, é comum as empresas especializadas em aluguel de veículos trabalharem em parceria com os postos de combustíveis. Como nem todos estes postos estão devidamentes preparados para esse tipo de trabalho, os problemas aparecem.*
(Vivência do autor)

2. *Estava tranquilamente escolhendo um souvenir em uma loja especializada, quando de repente soa uma sirene. Juntamente com todos as pessoas que se encontravam na loja, fui vistoriado de forma grosseira. Uma tremenda humilhação!*
(Vivência do autor)

Inglaterra:

1. *Impressionante a "estupidez" com que fui tratado na compra de um ticket do "the tube" (metrô), em Londres.*

2. *Entrando em um "pub" (uma espécie de clube/barzinho), tinha de "batalhar" toda vez que queria ser servido. O garçon não estava nem aí.*
(Vivências do autor)

Japão:

1. *Segundo Dominique Turpin, consultor francês, muitos japoneses se queixam da maneira rude com que os motoristas de táxi tratam os passageiros, no Japão.*
(Turpin, p. 64)

2. *"A empresa aérea japonesa Niponik Airlines (NAL)* está proibida de fazer a manutenção das aeronaves norte-americanas. O anúncio foi feito ontem pela Federal Aviation Administration (FAA), agência dos Estados Unidos responsável por questões de segurança aérea. Os aviões dos Estados Unidos são frequentemente vistoriados e consertados por empresas*

estrangeiras, onde as companhias norte-americanas não mantêm equipes para reparos. A NAL é acusada de violar procedimentos de manutenção estabelecidos pela FAA."
(Folha de S. Paulo, 17 ago. 1995, p. 22)

Má qualidade nos serviços, um problema mundial

A despeito do complexo de Terceiro Mundo que paira sobre nossas cabeças. A despeito das ideias neocolonialistas e segregadoras que são "jogadas" por alguns e "alimentadas" por muitos outros, às vezes por ignorância, outras por má-fé. Ideias que ajudam a consolidar a falsa crença de que o povo brasileiro é preguiçoso, indolente, e que nossa mão de obra é inferior. A despeito de todos esses "mitos" e inverdades, é fácil constatar que o problema da má qualidade dos serviços prestados não é regional, nem mesmo nacional, mas sim um problema mundial! Essa constatação pode ser feita pelas vivências pessoais, histórias de amigos, notícias veiculadas na imprensa e na literatura disponível sobre o assunto. A bem da verdade, há exceções. Há "ilhas de excelência", casos isolados. Entretanto, a regra predominante em todo o mundo ainda é o relacionamento inadequado com o cliente. Situações, cenas e fatos como os relatados neste livro (no Brasil e no exterior) fazem parte do cotidiano dos clientes em todo o mundo. É evidente que os problemas de má qualidade em serviços variam em frequência e intensidade, de lugar para lugar, de sorte que todos convivem com isso. Por exemplo, a partir de uma experiência pessoal, pudemos constatar que a Holanda é um país que, de modo geral, tem um bom padrão de qualidade de vida e de cidadania; entretanto, os problemas derivados da má qualidade de serviços lá existem. Na Holanda, como no Brasil, e em outros países, o problema da má qualidade de serviços existe por consequência de uma cultura empresarial desfocada do cliente. Não por causa da questão educacional – formal ou informal – do povo, como muita gente pensa, de forma equivocada. A questão central é a ausência de uma consciência do real significado do cliente. Uma falta de consciência de que o cliente é a razão de ser de qualquer negócio, em qualquer lugar do mundo, é uma herança da época em que a empresa era voltada para o produto. Essa ausência de uma cultura empresarial focada no cliente não é privilégio de nenhum país, muito menos do Brasil. É um problema global.

A despeito de alguns exemplos isolados – empresas que começaram mais cedo –, o despertar generalizado para a qualidade em serviços, para o foco da empresa no cliente, é um movimento relativamente recente nos países de economias mais fortes do mundo. Só na década de 1990 esse movimento começou a tomar corpo, e a se posicionar como diferencial competitivo, em alguns casos, já como fator de exclusão do mercado.

> *"Se os Estados Unidos devem permanecer competitivos, as empresas americanas devem descobrir formas de manter os clientes satisfeitos."*
> (Denton, p. 17)

> *"Muitos homens de marketing japoneses acreditam que a satisfação do cliente é, simplesmente, o objetivo número um da administração"* (...) *"Nos anos 1980, a competição entre as empresas japonesas estava centrada em chegar a um nível de defeito zero na qualidade dos produtos. Hoje, a ênfase está em chegar ao nível de defeito zero no atendimento ao cliente."*
> (Turpin, p. 63-64)

Capítulo 3

Qualidade em Serviços – o Grande Diferenciador

Tecnologia já não é mais uma vantagem competitiva – quem não tem, está fora!

Um dos maiores bancos brasileiros veiculou um comercial na televisão, cujo foco central era vender a ideia de que o referido banco tem um sistema eficaz de cobrança. Essa propaganda encerrava-se com a seguinte mensagem:

"A tecnologia faz a diferença"

Na realidade, o slogan "A tecnologia faz a diferença", na melhor das hipóteses, demonstra um profundo equívoco quanto à leitura da realidade empresarial. A tecnologia pode ter feito a diferença até a década de 1990. A partir daí, só permite que a empresa comece a jogar; não garante que a empresa ganhe o jogo. Enfim, a tecnologia passou a ser apenas um pré-requisito, e, como tal, é apenas "piso". A empresa que não dispõe de um nível tecnológico adequado ao seu negócio fica para trás, e rápido; e ficar para trás pode significar estar morto (fora do mercado) em um futuro muito próximo.

> Bancos – um exemplo.
> *Os bancos, hoje, buscam oferecer aos seus clientes serviços informatizados dos mais diversos (Banco 24 horas, extrato via fax, etc.). O banco que não oferecer esses serviços está fora do mercado. (Caro leitor, você abriria, hoje, uma conta em um banco em que não pudesse sacar dinheiro a qualquer dia, a qualquer hora?). Entretanto, essa não é a grande dificuldade para os bancos. A tecnologia se compra, basta ter capital. No que se refere aos aspectos tecnológicos, todos os bancos de linha de frente são iguais, ou muito parecidos.*

A arena da briga agora é outra

Na atualidade, há uma série de fatores críticos que determinam o sucesso de uma empresa, dentre os quais se destacam: a capacidade de inovar, a velocidade de resposta, a capacidade de aprendizagem organizacional. A maior ou menor importância desses fatores depende das características específicas de cada negócio. Entretanto, a capacidade de a empresa focar e satisfazer seu cliente e, enfim, prestar-lhe um excelente serviço destaca-se, em importância, entre os fatores críticos de competitividade (na Terceira Parte deste livro, analisaremos detalhadamente esse aspecto).

A tecnologia nivelou todos...passou a ser piso!
Qualidade em Serviços e no relacionamento com os clientes...
Este, sim, é o grande diferenciador da década de 1990!

O japonês já percebeu isso. Veja o que diz Dominique Turpin, professor e consultor francês, Ph.D pela Jôchi University, em Tóquio:

> *"...muitas empresas japonesas repensaram suas estratégias corporativas. Agora que muitas companhias ocidentais superam gradualmente o seu atraso em relação à qualidade de produtos, aproximando-se do padrão japonês, as empresas japonesas mudam de novo as regras da competição internacional. Acrescentam um valor extra a seus produtos e redirecionam seu foco, centrando os esforços corporativos nos serviços prestados aos clientes. Um executivo da Matsushita Eletric Industrial diz: 'No passado, nós ficávamos felizes em entregar ao mercado grande quantidade de novos produtos. O foco estava em ter flexibilidade*

para industrializar pequenas quantidades de muitos produtos diferentes. Agora, a qualidade do produto já é dada como certa. O nome do jogo é excelência em serviço. Durante os anos 1980, as companhias japonesas ganharam fatias substanciais dos mercados internacionais, graças à excelência de seus produtos. O que era essencial para a satisfação dos clientes. Agora, enquanto mantêm níveis de alta qualidade dos produtos, essas empresas se esforçam, como nunca antes, para satisfazer e superar as expectativas dos clientes (...). Nós prevemos que as companhias japonesas persigam tão intensamente a satisfação dos clientes, agora, como elas perseguiram intensamente a qualidade dos produtos antes."
(Turpin, p. 63)

Como se vê, o "nome do jogo" agora é outro, chama-se: "excelência em serviços".

Mais do que perceberam isso; os japoneses já estão agindo! Será que mais uma vez – a exemplo do pós-guerra – os japoneses aprenderam com os americanos (particularmente com Deming e Juran),[7] deram uma reviravolta extraordinária e se posicionaram como o país referencial do mundo em qualidade de produtos (voltaremos a falar sobre isso no tópico "O Japão deu a largada")? Agora, na Qualidade em Serviços, a grande lição não vem das Américas, mas sim da Europa, como já indicamos, sendo mestres os pioneiros Richard Norman e Jan Carlzon.

Os referenciais estão aí! Será que na área dos negócios, mais uma vez o aluno (Japão) vai superar o mestre (o Ocidente)? Foi dada a largada!

E onde fica o Brasil nisso tudo? É o que vamos mostrar a seguir.

---

7. Ambos americanos e mestres pioneiros da qualidade no mundo. Após a Segunda Guerra Mundial, ensinaram aos japoneses os princípios e os primeiros passos da qualidade.

A mudança da regra nos favoreceu. Agora temos condições de ser os melhores do mundo. Há modalidade em que já somos campeões

Se, para obter-se vantagem competitiva em produtos, o fator preponderante é tecnologia, isso depende fundamentalmente de grandes investimentos. Em serviços, a situação é muito diferente; o capital já não é o fator preponderante, mas sim "sistemas gerenciais" e "gente". Em serviços, o "ser humano" é que faz a grande diferença. E é justamente aqui que aparece a vantagem competitiva! A favor do Brasil há o fato de que o povo brasileiro é considerado um dos mais hospitaleiros do mundo (se não for o mais!). A pesquisa intitulada "A Imagem do Brasil", realizada pela Datafolha com turistas estrangeiros e brasileiros, concluiu que:

> "..., a hospitalidade do povo brasileiro se destacou como o aspecto mais positivo do Brasil, apontado por 37% dos pesquisados."
>
> *(Folha de S. Paulo,* 1º jul. 1995, p. 6-16*)*

Na verdade, esta "Ética do bem receber"[8] é consequência do "jeitinho" brasileiro de ser, jeito este que destaca, no mundo, o brasileiro como povo amistoso, alegre, de fácil relacionamento. Isso caracteriza e diferencia. Talvez a mistura de raças e o convívio com as diferenças tenham ensinado a ser tolerante; tenham ensinado a "aproximá-lo" mais das pessoas, de forma mais descontraída (mas isso já é campo de estudo dos sociólogos e dos antropólogos). Fiquemos com os fatos; e um fato é que essas características do povo brasileiro fazem com que o Brasil, em qualidade de serviços – em que a interação humana é uma premissa fundamental –, tenha uma extraordinária vantagem competitiva. E é bom lembrar que essa vantagem competitiva é de difícil superação, posto que ela tem raiz cultural. E cultura é diferente de tecnologia. Tecnologia, em alguns casos, pode até ser adquirida de uma noite para o dia, basta ter capital. Cultura, não. Cultura não se compra, não se copia, não se ensina. Cultura se desenvolve! E isso requer tempo; às vezes muitos e muitos anos.

---

8. Termo utilizado pelo antropólogo Muniz Sodré, in: *Folha de S. Paulo*, 1º jul. 1995, p. 6-16.

Com base nesses fatos e reflexões, ousamos afirmar que:
Temos condições de sermos os melhores do mundo na qualidade em serviços!

Na área empresarial, já existe um bom exemplo disso: o caso Citibank do Brasil

Em 1994, o Citibank ganhou o Prêmio Nacional da Qualidade. Foi a primeira empresa da área de serviços vencedora do prêmio máximo da qualidade no país. Mas o mérito não termina aí. O Citibank é uma instituição financeira que opera em 93 países; e, entre todos esses países, o Citibank brasileiro obteve o maior índice de satisfação de clientes do mundo. Dentre seus clientes, 96,05 % estão satisfeitos com o banco. Depois do Citibank brasileiro, o segundo maior índice de satisfação é o do Citibank de Singapura, com 95,0 % *(Gazeta Mercantil,* 20 out. 1994, p.9). Sem dúvida, ser o melhor entre 93 países[9] – e seguramente países de economias mais representativas do mundo – é um fato relevante!

Ficam as perguntas: quem são os responsáveis por essa qualidade? Quem trabalha no Citibank do Brasil? São americanos? Ingleses? Japoneses?

Seguramente o Citibank tem um padrão de excelência operacional, comum a todos os 93 países onde atua, mas...

será que a "ginga", a cultura do bem servir, o "jeitinho" alegre e descontraído do brasileiro não fizeram a diferença do Citibank do Brasil, entre os outros 93 países?

---

9. Os mais céticos dirão: "mas o nível de exigência do Brasil é menor, por isso o índice de satisfação é o maior do mundo". Primeiro, se o Citibank se posiciona como um banco de clientela seletiva, supõe-se que ela seja também criteriosa e conhecedora do mercado. Segundo, mesmo que o nível de exigência da clientela no Brasil seja menor, até que ponto isso alteraria o resultado? Se a gente não se valoriza, quem nos valorizará?

Segunda Parte
Introdução à Clientologia

Capítulo 4

O Que é Clientologia?

Na atualidade, o tema cliente reveste-se de tamanha importância estratégica para as empresas que chega a merecer um estudo científico (e por que não?). Nesse sentido, propomos a criação da Clientologia. Trata-se de um neologismo que criamos para evidenciar a necessidade do estudo sobre o cliente. Dentre outros temas, a Clientologia deverá estudar com profundidade:

- motivação e comportamento do cliente;
- tipos de relacionamento empresa/cliente;
- impactos econômicos/financeiros e custos da perda do cliente;
- a relação do nível de satisfação do cliente com o sucesso de um negócio.

Para tal estudo, devemos nos ancorar em diversas áreas do conhecimento humano, dentre as quais: psicologia do cliente, economia empresarial e doméstica, comunicação, sociologia, filosofia, antropologia, comportamento humano, etc. Quem sabe, em um futuro próximo, encontraremos no Aurélio o seguinte verbete:

Clientologia – ciência que estuda o cliente, seu comportamento, e as variáveis que alteram esse comportamento. Fator de sucesso empresarial.

Como terminologia derivada do estudo da Clientologia, fazemos algumas sugestões:

- Clientomania: mania, obsessão por atender o cliente de forma extraordinária. Mania de encantar o cliente.

- Clientemaníaco: pessoa totalmente compromissada com os clientes.
- Cliente Encantado: diz-se de um cliente mais que satisfeito: um cliente deleitado com o excelente nível de serviços que recebe. Esse cliente não deixa jamais o prestador de serviço que lhe encanta (desde que ele continue a encantá-lo, sempre, é claro!).
- Fidelizar: ação que objetiva vincular (fidelizar) o cliente à empresa (ou pessoa) que presta o serviço, pela prestação de um serviço encantador. Um cliente fiel é lucro assegurado.
- Fidelização do Cliente: política ou estratégia empresarial que tem como objetivo conquistar e fidelizar os clientes.

Outro termo interessante é Clientar. Este é sugerido e utilizado pelos funcionários da Xerox do Brasil.

Clientar: derivado de cliente – conjuga-se em todos os tempos. (...) consiste no máximo empenho para atender os requisitos do cliente e obter sua plena satisfação (...) O mesmo que se dedicar ao extremo e atender bem a pessoa mais importante (...) – o cliente externo.

(FPQN, nov/93)

Muitos outros termos estão a caminho. A ideia da Clientologia está lançada!

Capítulo 5

Uma Breve História sobre Clientes

Para estudar a mudança do papel do cliente e sua relação com fornecedores (produtores, comerciantes e prestadores de serviços), dentro de um processo evolutivo e dinâmico – com objetivo didático –, dividimos a história em três fases:

1. O Cliente Feudal   ou   O Cliente na Idade Média.
2. O Cliente Ignorado   ou   A Era do Produto.
3. O Reencontro   ou   A Era do Cliente.

O cliente na Idade Média

Agora daremos um "mergulho" em uma época mais remota, em que verdadeiramente se inicia o processo da perda de foco no cliente.

Época: Fins da Idade Média (Século XIV)
Local: Inglaterra
Fenômeno Social: Transição do Feudalismo para o Capitalismo.

> "A unidade industrial típica da Idade Média (...) um mestre como empregador em pequena escala, trabalhando lado a lado com seus ajudantes. E não só esse mestre artesão produzia os artigos que tinha de vender, como também **era ele mesmo que realizava a venda** [grifo nosso]. Em uma parede da oficina costumava haver uma janela para a rua, onde se penduravam os artigos à venda e se realizava a venda mesma."
>
> (Huberman, 1982, p. 63)

Nessa época, havia uma estreita relação entre quem produzia e o consumidor. Era fácil conhecer os clientes. O permanente contato entre produtor/cliente permitia um monitoramento constante das necessidades e dos interesses do cliente. Isso fazia com que o fornecedor (nesse caso o próprio produtor) conhecesse bem seu cliente, suas necessidades e seus anseios. Gradativamente, a partir da evolução da produtividade, de uma escala artesanal para industrial, o cliente passou a ser uma figura estranha a quem produzia. Uma figura cada vez mais distante.

"Produzir mercadorias para um mercado pequeno e estável, onde o produtor fabrica o artigo para o freguês que vem ao seu local de trabalho e lhe faz uma encomenda, é uma coisa. Mas produzir para um mercado que ultrapassou os limites de uma cidade (...) é outra coisa inteiramente diferente. (...) A ampliação do mercado criou o intermediário, que chamou a si a tarefa de fazer com que as mercadorias produzidas pelos trabalhadores chegassem ao consumidor (...).

O mestre artesão fora mais do que um simples fabricante de produtos. Tinha também quatro outras funções. Eram cinco pessoas em uma só.

Quando procurava e negociava a matéria-prima que utilizava, era um negociante; tendo (...) aprendizes sob seu mando, era empregador; ao supervisionar o trabalho deles, era capataz; e como vendia ao consumidor, no balcão, o produto acabado, era também um comerciante lojista.

Entra em cena o intermediário, e as cinco funções do mestre artesão se reduziram a três – trabalhador, empregador, capataz. Os ofícios de mercador e comerciante deixaram de ser atribuição sua. (...) O intermediário coloca-se entre ele e o comprador. (...).

Embora o intermediário não modificasse a técnica de produção, reorganizou-a para aumentar a produção das mercadorias. Viu, sem demora, as vantagens da especialização."
(Huberman, 1982, p. 119-120)

Como toda moeda tem dois lados, a **especialização** – que se apresentava como solução para problema de escoamento e comercialização do produto – deixava de ser doméstica para entrar em uma escala industrial e, por outro lado, trazia uma "semente" de problema futuro, ou seja, estava contribuindo para o afastamento, para a perda de contato entre o produtor e o cliente final. Com o passar do tempo, houve um agravamento desse processo. O comércio cresceu, tornou-se cada vez mais complexo. Entre o produtor e o cliente final estabeleceu-se uma interminável rede de intermediários.

À medida que o tempo passava, as empresas se distanciavam cada vez mais dos clientes. O clímax foi atingido na Era do Produto.

A Era do Produto

A principal característica da "Era do Produto" consiste no fato de as empresas perderem totalmente o foco na razão de ser de todo e qualquer negócio, ou seja, no cliente.

O pós-Segunda Guerra Mundial é uma boa referência da "Era do Produto". Em 1945, os Estados Unidos, como principal país aliado, assumiram o comando do mundo, seja nos aspectos políticos e/ou econômicos. A economia mundial voltou a crescer de forma significativa, entrando em uma era de euforia consumista.

Após a segunda guerra, tudo que se fabricava era consumido. Era muito fácil vender...!

As empresas passaram a produzir o máximo possível; o importante era produzir em grande escala, o que importava era a quantidade a ser produzida.

E a qualidade não era importante?

Não. Por que a preocupação com a qualidade, se tudo era vendido como era feito? Bom ou ruim, o produto tinha um mercado fácil e assegurado.

Consequentemente houve um período em que, quanto ao aspecto empresarial, as premissas fundamentais foram:

- O importante é produzir.
- Tudo o que é produzido é vendido.
- Qualidade e custo de produção não são importantes.
- A principal concorrência da empresa era ela mesma, ou seja, sua capacidade de produção.

Nessas condições, nesse ambiente empresarial, o cliente não tinha muita importância. Era simplesmente um ser ignorado, alguém sem o mínimo prestígio. Para ter sucesso, bastava a empresa voltar-se para dentro, para a produção... para o produto! E o cliente?

O Cliente:
- era um mal necessário;
- era visto como uma multidão;
- não tinha voz nem vez;

- era um consumidor feroz;
- era desprovido de senso crítico.

Na Era do Produto, quem ditava as regras era a empresa! As empresas faziam...

... o que queriam;
... como queriam;
... quando queriam.

Ao cliente restava comprar o que lhe era oferecido, nas condições que lhe eram impostas.

No início do século XX, Henry Ford – fundador da FORD, e pioneiro na fabricação de automóveis –, quando do lançamento do famoso carro (Modelo T), chegou a dizer:

"As pessoas podem comprar o Modelo T de qualquer cor – contanto que seja preto."[10]
Henry Ford (1863-1947)

Se Henry Ford ainda fosse vivo, diria isso hoje?

- *O que aconteceria à FORD se seu atual presidente fizesse essa declaração à imprensa?*
- *Mais que declarar à imprensa, o que aconteceria à FORD se ela passasse a oferecer ao mercado apenas carros pretos?*
- *Por que o KA, o carro popular da FORD, foi lançado com várias opções de cores?*
- *Não seria mais "barato" para a FORD oferecer ao mercado o KA com uma única opção de cor? O custo de produção não seria menor? Por que tantas opções? Tantas variedades?*

Ao falar essa frase irônica, Henry Ford não demonstrava ser louco ou um homem sem visão; muito pelo contrário, ele foi um dos maiores empreendedores de todos os tempos.

---

10. Traduzido do "A NEVINSFORD". *In: Quotations*, 1994, p. 111.

Essa frase sintetizava a filosofia empresarial da época. Uma época em que o foco das empresas era o produto, a produção! Uma época em que, para a empresa ser bem-sucedida, bastava "desovar" o produto no mercado. De qualquer forma. O cliente, ou melhor, o ávido consumidor comprava-o!

Nossa história começou a mudar na década de 1970!
Começava a Era do Cliente...

A Era do Cliente

Com a crise do petróleo, o mundo em geral entrou em um período de crise econômica, ou seja, o consumo foi freado. Aí tudo começou a mudar; já não se vendia com a mesma facilidade de antes. Uma série de fatores políticos, econômicos e sociais começou a consolidar uma *mudança radical* no comportamento do consumidor em todo o mundo e, consequentemente, na forma como as empresas se relacionavam com seus clientes. A crise do petróleo foi a "gota d'água"... começava uma revolução... a Revolução do Cliente!

UM DIA DA CAÇA

OUTRO DO CAÇADOR

Isso era só o início...

No capítulo seguinte, aprofundaremos a análise das condições estruturais que motivaram o surgimento da Era do Cliente.

Capítulo 6

A Revolução do Cliente

O Japão deu a largada... mas só em produtos!

A revolução do cliente desenvolve-se com extraordinária força e se confunde com a difusão da qualidade em todo o mundo. Ao falar em qualidade, deve haver, necessariamente, uma referência ao Japão. Após a Segunda Grande Guerra, destroçado e humilhado, sob a tutela do governo americano, o Japão se reergueu. Para isso contribuíram dois grandes baluartes e pioneiros da área da qualidade, o dr. Deming e o dr. Juran (especialistas americanos), que, naquela época, não eram ouvidos dentro dos Estados Unidos – por que seriam ouvidos?... em time que ganha, não se mexe (ou melhor não se mexia!). Resultado: aluno extremamente aplicado, determinado e disciplinado, através de uma séria política de reconstrução – em que os dois pilares fundamentais foram a educação e a qualidade –, o Japão deu a volta por cima e, em apenas 20 anos, já mostrava resultados extraordinários. Vejamos, agora, um gráfico que retrata bem esse avanço:

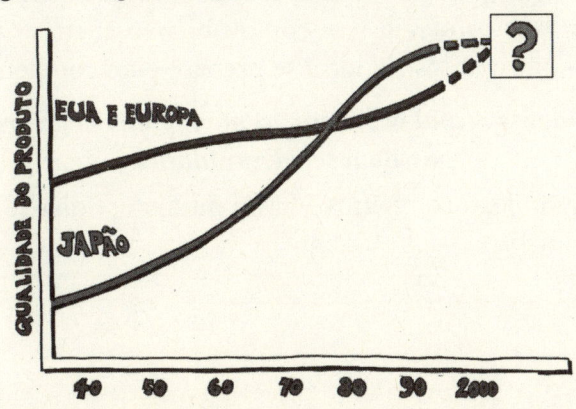

Com a ajuda desse gráfico, tiramos três importantes conclusões:

1º – O nível de qualidade dos produtos no Japão era reconhecidamente muito ruim. Na época do início da guerra, os japoneses tinham o conceito de fazer um produto "barato", porém "ordinário".

2º – Já no início da década de 1970, em apenas 20 anos, a imagem do produto japonês começava a superar, de fato, o produto ocidental. Uns chamam de "milagre", preferimos chamar de "determinismo" ou "determinação" japonesa. O que se assistiu foi o resultado de muito trabalho e determinação de um povo. Ao contrário do Brasil, o Japão é altamente dependente de recursos naturais. Dizem as más línguas que o Japão só tem três recursos: 1º) japonês; 2º) japonês; 3º) japonês. Evidentemente isso é uma brincadeira que objetiva enfatizar que, essencialmente, a força do Japão reside em seu povo. O "ser humano": isso é o que faz a diferença!

3º – O mundo ocidental ficou de braços cruzados até a década de 1980. A partir daí, acordou!... Era preciso estudar o fenômeno japonês e reagir a ele.

Na década de 1970, os produtos japoneses, altamente competitivos (padrão de qualidade e preços baixos), já estavam em todo o mundo. Isso começou a incomodar (e muito!) os países industrializados do primeiro mundo. Começou a aparecer uma série de resistências (barreiras comerciais) à comercialização dos produtos japoneses – como sempre, medidas protecionistas têm limitações e funcionam como placebos. No fundo, toda e qualquer política de restrição ao livre comércio tem como objetivo apenas "ganhar um tempo" para que a indústria local se prepare para competir.

O Ocidente afinal acordou... a nova palavra de ordem passou a ser: Qualidade!

A regra do jogo competitivo havia mudado, tinha-se de "correr atrás do prejuízo"...

O consumidor começava a despertar!

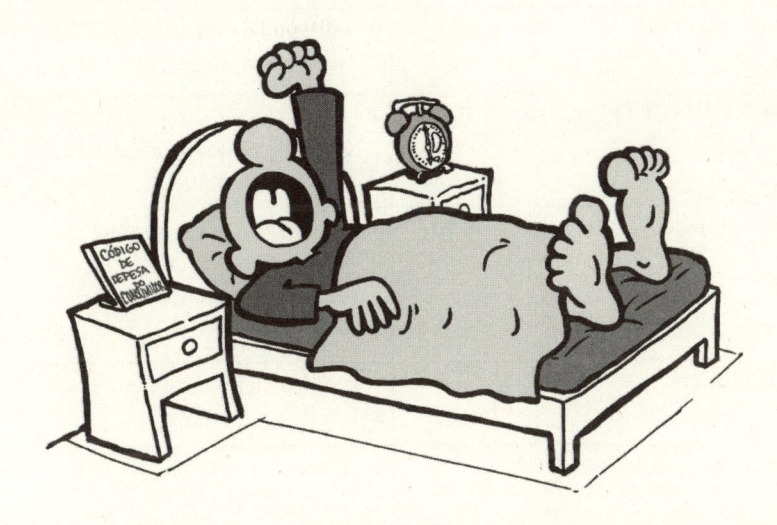

Mas... atenção! A revolução iniciada pelos japoneses à que estamos nos referindo é uma revolução fundamentada na qualidade do produto, na tecnologia. Como já dissemos na Primeira Parte, o diferencial competitivo baseado na tecnologia e na qualidade de produtos prevaleceu na década de 1980. A partir da década de 1990, o diferencial passou a dar campo aos serviços.

A seguir apresentaremos alguns fatores que vêm contribuindo para o crescente despertar do cliente.

Por que o cliente está cada vez mais exigente? – Fatores determinantes da mudança

Quais fatores determinantes do comportamento – no Brasil e no mundo – têm feito com que os consumidores passem de uma posição passiva, secundária, para uma posição ativa e centralizadora de todas as atenções?

Uma série de fatores, de forma conjunta, vem influenciando progressivamente o "despertar" do cliente:

Fatores influentes no "despertar" do cliente

HISTÓRICOS	• ambiente de mercado pós-Segunda Guerra Mundial
TECNOLÓGICOS	• revolução na comunicação através da telemática (telecomunicações + informática)
MACROECONÔMICOS	• globalização da economia • economia de blocos • pressão sobre barreiras econômicas
POLÍTICOS	• fim dos ciclos da ditadura • fim da Guerra Fria
SOCIAIS	• cidadania • senso de direitos • o "despertar" ecológico
MICROECONÔMICOS	• oferta maior • aumento da competição • influências de empresas "world-class"[11] • difusão da ISO-9000
BRASIL (Fatores Específicos)	• PBQP - Programa Brasileiro de Qualidade e Produtividade • Código de Defesa do Consumidor • Entidades de Defesa do Consumidor • PNQ – Prêmio Nacional da Qualidade

No período compreendido entre o fim da Segunda Guerra e a década de 1970, a situação era muito confortável para as empresas, de modo geral, pois a procura de produtos era maior que a oferta – o mercado era essencialmente comprador. Esse foi o comportamento até a recessão pela qual passou a economia mundial, provocada pela crise do petróleo. Como se isso não fosse suficiente, a competição

---

11. Empresas de padrão de qualidade internacional (classe universal). São consideradas exemplos a ser seguidos.

entre empresas acirrou-se. Pronto! Estavam estabelecidas as condições para o surgimento de uma nova era, a Era do Cliente.

A situação se inverteu de forma radical; agora, eram as empresas que começariam a correr atrás dos clientes.

ANTES...

AGORA...

Fatores tecnológicos

As novas tecnologias vêm permitindo o acesso à informação em uma velocidade e em um volume crescentes. O cliente passa a ter mais e mais opções de compra, assim como cada vez mais informações que facilitem uma compra consciente. A tecnologia amplamente difundida passa a ser uma aliada do consumidor, à medida que permite o fácil acesso deste a informações de toda parte do mundo, em "tempo real", ou seja, de forma instantânea.

Fatores macroeconômicos

O mundo caminha cada vez mais para ser uma "aldeia global". A formação de blocos econômicos, a exemplo da UE (países europeus), da NAFTA (Estados Unidos, Canadá e México) e do MERCOSUL demonstram isso. E a tendência é a fusão em blocos maiores, os superblocos.

> *"Os quatro países do Mercosul (Argentina, Brasil, Paraguai e Uruguai) e os 15 da União Europeia acertaram (...) que, dentro de cinco a seis anos, estarão prontos os alicerces para uma associação que, quando pronta, será o maior bloco econômico do planeta. (...) As relações entre os dois blocos serão regidas por um acordo (...). Passada a fase de transição, entra-se no período de associação inter-regional.(...) É nessa fase que começam a ser reduzidas as tarifas para a importação de bens de um bloco para outro, até eventualmente zerá-las."*
> (Folha de S. Paulo, 15 out. 1995, p. 1-5)

Onde vai parar isto tudo? Tudo leva a crer que, dentro de alguns anos, não teremos dois ou três superblocos, mas, sim, um único mercado, totalmente livre, sem nenhum tipo de restrição ou barreira. Ou seja, teremos um grande "SUPERMERCADO", o mundo.

As barreiras começam a cair uma a uma; só haverá uma barreira,

....**a barreira da competência.**

Mais do que nunca está valendo a máxima popular,

"quem não tem competência, não se estabelece".

Fatores políticos

Qual seria o nível de correlação do fator político com o desenvolvimento de consciência do consumidor? Total. Analisaremos essa correlação sob dois ângulos distintos: um, dentro de um contexto internacional (a Guerra Fria); o outro, dentro de um contexto mais próximo de nós, brasileiros, ou seja, a história recente da América Latina (o ciclo de ditaduras militares).

Com o fim da Guerra Fria, os países mudaram o principal foco de preocupação, que eram a segurança e a expansão ideológica (capitalismo ou comunismo?), para se concentrarem na nova modalidade de guerra, a guerra comercial entre os países ou blocos comerciais.

Quem ganha com isso? Os consumidores, é claro!

"Guerra" comercial limpa e ética significa produtos e serviços com maior valor agregado, ou seja, maior qualidade e menor preço.

– Meu produto é melhor.
– O meu tem um menor preço.

Por outro lado, a América Latina viveu, por várias décadas, sob o comando de ditaduras militares e de golpes de estado – o Brasil não foi exceção.

E qual o efeito disso na relação cliente/fornecedor? No nível e no desenvolvimento da qualidade dos produtos e serviços?

Durante esses anos foi desenvolvida uma cultura de submissão, de medo. Era proibido, mais que isso, perigoso, "reclamar". Associações e entidades de defesa de qualquer coisa eram muito difíceis de ser fundadas e/ou mantidas. Com o fim do "ciclo das ditaduras", a liberdade começou a surgir aos poucos, à medida que perdia o medo, e crescia a consciência das pessoas. A cidadania começou a ser resgatada, as instituições e associações foram recriadas. Já não era perigoso "brigar" pelos direitos (passou a ser trabalhoso, mas não mais perigoso lutar). Enfim, com o resgate da liberdade, todos começaram, ou todos reaprenderam, a exigir seus direitos. Estava restabelecida a mínima condição para que aparecesse o consumidor-cidadão, o consumidor consciente.

— Mãe, o leite está estragado!
— Fale baixo, assim vão prender a gente, pensando que somos comunistas.

Passado o pesadelo, mais do que possível reclamar, há clima e canais para se exigirem os direitos como cliente. É o que analisaremos a seguir.

Fatores específicos (Brasil)

No que se refere ao Brasil, várias iniciativas importantes, ocorridas na última década, vêm incrementar o desenvolvimento da qualidade e o "despertar" de uma consciência dos empresários e dos consumidores. Dentre elas, destacamos:

a) PBQP - Programa Brasileiro de Qualidade e Produtividade

Programa lançado pelo governo, com apoio e atuação da iniciativa privada, em 1990, com o objetivo de despertar, conscientizar e incentivar as empresas brasileiras a implantarem e promoverem a qualidade. O PBQP, em sua forma original, foi constituído de cinco subprogramas: conscientização e motivação para a qualidade; desenvolvimento de métodos de gestão; capacitação de recursos humanos; adequação dos serviços tecnológicos para a qualidade e articulação institucional. Sem sombra de dúvidas, principalmente nos três primeiros anos após seu lançamento, o PBQP cumpriu um importante papel na difusão da "filosofia" da qualidade na área empresarial.

b) Código de Defesa do Consumidor

O Código de Defesa do Consumidor (Lei Nº 8.078, 11/09/90), que entrou em vigor no dia 11 de março de 1991, é um marco referencial de uma nova era na relação empresa/consumidor, no país. Constitui um extraordinário instrumento que "estabelece normas de proteção e defesa do consumidor..."(IDEC, 1991, p. 1). Como tal, veio contribuir significativamente para a elevação do nível da qualidade dos serviços prestados no Brasil. Vejamos alguns comentários sobre o código, feitos pelo especialista e um de seus redatores, Antonio H. Benjamin. (IDEC, 1991, p. 9 e p. 13)

"... não é um instrumento de revolução social; é, antes de tudo, um caminho para a modernização."

"... finalmente, reconhece um importante fator econômico antes ignorado e desprotegido: o consumidor."

"Cada aplicação do Código será, então, uma oportunidade de purificar, mais que de ruptura das relações entre consumidores e fornecedores."

c) Criação e atuação mais efetiva de órgãos e entidades de defesa do consumidor

Hoje já existe, no Brasil, uma série de entidades – governamentais e sociedades civis – atuantes na proteção e defesa do consumidor, dentre as quais citamos como exemplos:

Entidade	Área de Atuação
IDEC (SP)	• trata de causas de interesse coletivo, envolvendo um número grande ou indeterminado de vítimas
IPEM – Instituto Pesos e Medidas (SP)	• controla a qualidade e a quantidade de produtos alimentícios e industriais; fiscaliza taxímetros, bombas de gasolina, etc.
Juizados de Pequenas Causas	• julgam questões que envolvam até dez salários mínimos.
Procon	• atende e encaminha todo tipo de queixa relacionada ao consumo
CONAR – Centro Nacional de Autorregulamentação Publicitária	• apura queixas de propaganda enganosa.

(IDEC, 1991. p. 182-184)

Algumas entidades são curiosíssimas, como, por exemplo, a Associação das Vítimas de Atrasos Aéreos (AVA). Essa associação, com sede em São Paulo, presta assistência (informações, orientações e jurídica) em casos de atrasos de voos, extravio de bagagens, etc (Nova, p. 112).

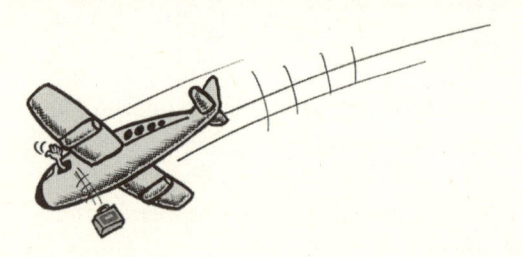

d) PNQ – Prêmio Nacional da Qualidade
O que vem a ser o PNQ?

> *"O Prêmio Nacional da Qualidade é um reconhecimento, na forma de um troféu, à excelência na gestão das organizações sediadas no Brasil.*
>
> *O Prêmio busca promover:*
>
> *• amplo entendimento dos requisitos para alcançar a excelência do desempenho e, portanto, a melhoria da competitividade; e*
> *• ampla troca de informações sobre métodos e sistemas de gestão que alcançaram sucesso e sobre os benefícios decorrentes da utilização dessas estratégias.*

(FPNQ, 2001, p. 7)

O PNQ é administrado pela Fundação para o Prêmio Nacional da Qualidade, uma instituição independente do governo, mantida pela iniciativa privada.

Para ser premiadas, as empresas são avaliadas segundo os Critérios de Excelência (falaremos sobre isso na Terceira Parte). Esses critérios são referenciais de qualidade, adotados pelas empresas de vanguarda, em todo o mundo. O PNQ é inspirado nos principais prêmios mundiais: o Malcolm Baldrige (prêmio americano), O Prêmio Europeu; e o precursor de todos, o Prêmio Deming (prêmio japonês). O PNQ também incorpora tópicos das normas ISO; e, além disso, muito mais que um conjunto de normas, constitui uma ferramenta de gestão estratégica.

Assim como o Código de Defesa do Consumidor, o PNQ também é um marco de qualidade no Brasil. Através de um trabalho sério e criterioso, a Fundação Nacional da Qualidade tem contribuído internamente com a difusão da qualidade; e, externamente, com uma imagem muito positiva do Brasil, como um dos pioneiros países a terem um prêmio nacional de qualidade com essa envergadura.

O Prêmio Nacional da Qualidade, o Programa Brasileiro da Qualidade, o Código de Defesa do Consumidor, as diversas entidades de defesa do consumidor, com vários outros fatores aqui relacionados, tudo isso alinhado principalmente a um crescente nível de competição empresarial, têm contribuído para que o cliente assuma o controle e direcione o mercado, não só aqui, mas em todo o mundo. Enfim, sem a menor sombra de dúvida, podemos afirmar literalmente: o cliente assumiu o poder!

Enfim, o cliente assume o poder!

O cliente assumiu o poder, já se vive na "Era do Cliente"! Entretanto, por incrível que possa parecer, há muitas empresas, muitos empresários que ainda não se aperceberam dessa mudança, e continuam agindo como se estivessem na "Era do Produto".

O preço desta não percepção vai ser muito alto, ou melhor, já está sendo!

Capítulo 7

Mas, Afinal, o Que o Cliente Quer?

O cliente quer mais qualidade ou preço? Nem um, nem outro!

No atual mundo empresarial há duas tendências indiscutíveis, em todos os ramos de negócios, que são: um padrão de qualidade de produtos e/ou serviços cada vez maior, e um preço cada vez menor.

Quem não se antecipar, nesse sentido, estará fora do jogo, tenderá a ficar à margem do negócio. À medida que o mercado fique cada vez mais competitivo, e o cliente cada vez mais consciente, maior será a pressão por um melhor produto (qualidade) aliado a um menor preço.

Mas qual a prioridade do cliente?
Qual o fator decisivo na hora da compra?

Preço ou Qualidade?

Nem um, nem outro! Mas sim os dois ao mesmo tempo.
E os dois, ao mesmo tempo, resultam em: Valor.

O que vem a ser Valor?

$$Valor = \frac{Qualidade}{Preço}$$

De forma simplificada, definiremos Valor como a relação entre Qualidade e Preço:[12]

Toda decisão de um cliente é baseada em uma análise de valor, seja ela consciente ou inconsciente. E, quando se julga o valor, levam-se em consideração, simultaneamente, os fatores qualidade e preço.[13] Um adequado julgamento do valor de alguma coisa, seja um produto ou um serviço, depende de uma série de atributos de quem julga, dentre os quais: nível educacional, conhecimentos, informações, experiência, sensibilidade, etc.

---
12. Fórmula desenvolvida e adaptada a partir de Csillag, p. 53.
13. Dentro de um rigor técnico, seria mais adequado utilizar o termo "custo" no lugar de "preço". Entretanto, a palavra "preço" representa de forma mais adequada a linguagem do cotidiano.

Ninguém, por mais desprovido que seja de adequados atributos para julgamento, deixa de decidir pela melhor opção para si mesmo (entenda-se como a melhor opção aquela de maior valor). É isso que todo mundo faz, nem sempre da maneira mais correta sob o ponto de vista geral ou técnico – mas correta do ponto de vista de quem está decidindo. No fundo, no fundo, todos buscam decidir pelo produto ou serviço que tenha sempre maior valor agregado.

O processo de agregação de valor para o cliente

Basicamente, podemos agregar valor para o cliente de duas formas:
- aumentando o padrão de qualidade, e/ou
- diminuindo o preço.

Agregação de valor via redução de preço:

Tomemos como ponto de partida uma equação que reflete a forma mais adequada de compor preços na atualidade:

preço – custo = lucro

O ponto de partida é o preço. Este é determinado pelo mercado. Sabedora do preço que o mercado está disposto a pagar, a empresa gerencia os custos, de forma que estes sejam cada vez menores. Essa é a forma atual de se ampliar a margem do lucro unitário de um produto. Antes, a empresa determinava o lucro; agora, inverteu. O lucro passou a ser consequência da eficácia operacional da empresa. Acabou a era do repasse automático de custos para o cliente (repasse dos custos da ineficiência, da improdutividade).

Nesse novo cenário, passa a ser estratégico para a empresa ter uma política progressiva de aumento de produtividade e a consequente redução de preço do produto ou serviço para o cliente. Essa estratégia, além de ser uma condição necessária para se competir na atualidade (lembremo-nos: o cliente vai pagar cada vez menos, por um produto cada vez melhor), é também um caminho eficaz para se agregar valor para o cliente.

Eleve sua produtividade, e reduza seu preço progressivamente; se você não fizer isso, a concorrência o fará.

Agregação de valor via aumento do padrão da qualidade

A outra maneira de agregar valor ao cliente é por meio da elevação do padrão da qualidade do produto/serviço (sem repasse de custo para o cliente, é claro!).

Como aumentar o valor agregado ao cliente, pelo aumento do padrão da qualidade?

De muitas maneiras diferentes! A depender do tipo particular do negócio, do produto, do mercado, etc. Vejamos alguns exemplos simples:

- tempo de resposta – diminua o tempo de resposta ao cliente;
- embalagem – aperfeiçoe a embalagem do produto;
- conforto – faça com que suas instalações sejam mais adequadas para receber o cliente;
- crie conveniências para o cliente (falaremos mais sobre isso na Quinta Parte);
- simplifique as operações e os manuais de instruções;
- entrega de produtos – entregue os produtos no domicílio do cliente;
- estacionamento – ofereça estacionamento, e não cobre por isso;
- gentileza e cortesia – estabeleça uma meta na empresa: "Seremos os mais atenciosos".

Todas as formas relacionadas anteriormente têm a capacidade de aumentar o padrão dos serviços ao cliente e, portanto, agregar valor. Podemos listar aqui centenas e centenas de exemplos de como agregar valor ao cliente por uma elevação do padrão da qualidade. (Sugestão: faça uma lista aplicada a seu negócio! Crie! Inove!)

> *Lembre-se...*
> *Seja via redução de preço ou elevação do padrão da qualidade, ou, ainda, uma combinação dos dois, o cliente quer receber maior valor agregado.*
> *Sempre!*

Eduque o cliente – a responsabilidade é sua!

De modo geral, quando falamos em valor agregado, nos cursos, quase automaticamente surge o seguinte comentário:

> *"... mas nem sempre as pessoas enxergam ou decidem pelo maior valor agregado; normalmente o cliente faz opção pelo mais 'barato'. Com isso as empresas que oferecem um produto de maior padrão de qualidade terminam levando desvantagem."*

Em muitas situações, isso é uma verdade.

Mas de quem é a culpa?
O que pode e deve ser feito?

O cliente deve ser informado e esclarecido sobre as vantagens ou as características que diferenciam o produto, ou seja, ele precisa enxergar valor agregado ao produto. E essa é uma tarefa para o fornecedor. É preciso ficar claro que um produto mais "barato" pode ter menor valor agregado que um eventual produto mais "caro". Quando alguém decide pelo "mais barato", está analisando apenas o aspecto custo da equação custo/benefício. Há um ditado popular que alerta para isso: "O barato pode sair caro".

Educar o cliente! Esse é um trabalho a que uma empresa detentora de um produto superior não pode se esquivar.

> *Para reflexão....*
> *Quantas vezes decido pela compra de um produto mais caro que outro similar; e por que isso acontece?*

Dois exemplos:[14]

1) Quando foi lançado no mercado, o sabão em pó "B" usou o gancho de menor preço para ganhar mercado em cima do produto líder, o sabão em pó "A". Isso foi explorado na mídia. A empresa fabricante do "A", ameaçada de perder uma fatia

---

14. Seguindo nossa Ética Construtiva, os nomes reais das empresas foram omitidos.

do mercado, reagiu. Desenvolveu uma campanha cuja mensagem principal passava aproximadamente a seguinte ideia:

"Olhe, o produto do concorrente é mais barato, não há dúvida. Entretanto, faça uma experiência e lave com os dois, e você vai concluir que o nosso rende muito mais. Portanto, o nosso tem muito mais valor."

Em síntese, uma reação muito inteligente. A empresa não baixou o preço, de imediato, e preferiu desenvolver uma campanha publicitária de cunho educacional, em que era evidente a tese de maior valor agregado.

2) Há companhia aérea que, mesmo cobrando mais "caro", consegue ter um índice de ocupação maior do que outras companhias que praticam um menor preço. Por que ocorre isso?

A explicação é muito simples: o cliente paga mais porque recebe e "enxerga" maior padrão de qualidade agregado, seja em forma de excelência em serviços, pontualidade, confiabilidade, etc.

Em síntese, o cliente faz opção pela alternativa de maior valor agregado, segundo sua percepção. É aqui que entra a importância da informação, da comunicação, enfim, da educação do cliente.

> *Logo...*
> se você tem um produto superior, invista na educação do cliente. Você só tem a ganhar!

Capítulo 8

A Propósito, Quem é o Cliente? A Resposta Não é Tão Simples e Imediata Quanto Parece

Parece óbvio que toda empresa e todas as pessoas saibam quem é seu cliente... mas será que sabem mesmo?

Cachorro é cliente?

> *Imagine a seguinte situação.*[15]
> *Cachorro é cliente? Por não saber disso, uma empresa produtora de ração para animais se deu muito mal. Foi lançada no mercado uma nova ração que tinha tudo para ser um verdadeiro "boom". Logo no lançamento, as vendas extrapolaram, em volume, as expectativas mais otimistas.*
>
> *Entretanto, após alguns meses, o produto começou a "encalhar". Ninguém conseguia entender nada. A mídia fora muito bem-feita; foram gastos milhões de dólares em publicidade... O preço estava muito competitivo, e isso agradava muito aos donos dos cachorros... A marca do fabricante era conhecida e bem-aceita. O produto continha bons e novos nutrientes; era tecnicamente muito bom. Isso agradava aos veterinários, que recomendavam o produto aos seus clientes. Enfim, esse novo produto tinha tudo para se consolidar como o novo líder do mercado. E por que isso não aconteceu?*

---

15. Esta história tem objetivo didático; foi desenvolvida a partir de fatos reais.

> *Muito simples. A empresa perguntou a todos os segmentos de clientes envolvidos nesse processo o que eles queriam: o dono do cachorro queria preço; o veterinário, um produto eficaz quanto ao aspecto nutritivo; os distribuidores e lojas especializadas queriam boas condições de preço e prazo para comercializar o produto. Tudo isso foi dado. Todos estavam satisfeitos, exceto o "totó", que rejeitava a ração, pois o sabor não era de seu agrado. Resultado: um fracasso total.*
>
> *Moral da história: a empresa perguntou a todos os segmentos de clientes envolvidos nesse negócio o que eles queriam. Entretanto, "esqueceu" de perguntar ao principal cliente, que era o cachorro. Ninguém tem coragem de pôr "goela abaixo" de um animal de estimação uma ração que não agrade ao paladar dele, ainda que ela seja a mais nutritiva ou tenha o menor preço. O que ocorreu é que os testes de paladar foram falhos, e o principal cliente desse processo não foi atendido. E, nesse caso, o principal cliente era o cachorro. Uma lição inesquecível!*

Cuidado! Há cliente que você olha e não enxerga – o cliente oculto

– Há cliente aí?

Imagine que você, leitor, foi contratado para ser diretor-geral de uma clínica médica (da clínica Never*, por exemplo, lembra-se?). Sua missão: fazer uma total reestruturação na clínica. Nesse caso, como diretor da clínica, uma das primeiras questões a ser entendidas seria qual o cliente desse negócio.

Qual o cliente de uma clínica? O paciente (!?!?)

O paciente (essa é a resposta imediata, dada pela maioria das pessoas). Só o paciente? É uma resposta errada, no mínimo incompleta; há outros importantes segmentos de clientes. Além do paciente, ainda há outros clientes: os familiares (acompanhantes e visitantes), o plano de saúde, etc. Ora...

***Como é possível criar uma estratégia empresarial,
sem saber quem é o cliente?***

Normalmente, em todos os negócios, há mais de um segmento de clientes. E todos são importantes, não podem ser ignorados sob nenhuma hipótese. Mais que isso, cada segmento de cliente tem uma identidade própria, anseios, necessidades diferentes e até antagônicas entre si. Por exemplo, uma determinada restrição no atendimento pode agradar à empresa responsável pelo plano de saúde, mas, por outro lado, desagradar ao paciente ou aos familiares. Sendo assim, o fornecedor (nesse caso, a clínica) tem de gerenciar conflitos de interesses, encontrando um ponto de equilíbrio – minimizando infatisfação e maximizando a satisfação – para todos os clientes do negócio.

***Por incrível que possa parecer, as empresas têm gerenciado
seus negócios sem saber quem é o cliente!***

O "desconhecimento" do cliente é explicado pela cultura da empresa voltada para o produto, os processos, o chefe, etc. Cliente? Que cliente?... Logo o Cliente, razão de ser de qualquer negócio!

– Zé, você precisa conhecer melhor seus clientes.
– Estou no ramo há mais de 20 anos. Conheço esse mercado como a palma de minha mão.
– É, Zé, parece que você conhece muito bem como perder clientes para a concorrência, não é?

Capítulo 9

A "Redescoberta" do Cliente – uma Tarefa Inadiável para Quem Busca Sobreviver

Por que "redescobrir" o cliente?

Utilizamos o termo "redescobrir" porque, na realidade, se trata de um resgate. Assim como em outros campos da vida, na empresa se perdeu o foco da questão principal. Nas últimas décadas, os gestores perderam-se nos meandros, entre diversas estratégias e ferramentas da administração, esquecendo-se do objetivo-fim.

Qual o fim, o objetivo maior de uma empresa?
- Ter lucros cada vez maiores?
- Fazer um produto de qualidade?
- Construir uma boa imagem no mercado?
- Satisfazer os acionistas?
- Satisfazer os altos executivos?
- Satisfazer os funcionários?

Está claro que atingir todos esses requisitos deve ser o propósito de todas as empresas. Entretanto, é bom que fique muito explícito – no novo cenário empresarial –, só há um único caminho para atingir tudo isso: é a satisfação máxima do cliente. No final das contas, é o cliente quem viabiliza a satisfação de todos os segmentos interessados na empresa (funcionários, executivos e acionistas). Enfim, hoje, mais que nunca, é ele quem detém o poder.

> *"Clientes podem demitir todos de uma empresa, do alto executivo para baixo, simplesmente gastando seu dinheiro em algum outro lugar."*

Sam Walton
Fundador da Wal-Mart, maior cadeia de varejo do mundo.

Mas, infelizmente, "a galinha dos ovos de ouro" foi ignorada. As empresas perderam de vista os clientes e, consequentemente, as necessidades deles. No século XX, à medida que se desenvolviam, as empresas voltavam-se para dentro. Suas estratégias voltavam-se para o produto, para o processo. Isso as levou, gradativamente, a se afastarem do cliente. Só a partir da década de 1970, e mais acentuadamente na década de 1990 – por pressão de mercado –, as organizações voltaram a se dar conta de que a razão de ser de qualquer empresa é o cliente.

Foi dado início a um verdadeiro processo de redescoberta do cliente. No que se refere ao conhecimento dos clientes – é preciso voltar às origens! Assim como os primeiros produtores/comerciantes faziam, lembra-se? Isso é uma tarefa urgente e inadiável. Chamamos a isso de Operação Resgate.

Operação Resgate – Fase I: o mapeamento dos clientes

O primeiro passo a ser dado para o "resgate" é fazer o Mapeamento dos Clientes. Como foi visto nos itens anteriores, saber quem são os clientes de um determinado negócio não é tão direto nem fácil como aparenta ser. Entretanto, é uma tarefa que as empresas precisam encarar de forma prioritária.

Como exercício, tente responder quais são os principais clientes dos negócios abaixo:
1. Clínica médica;
2. Editora;
3. Escola secundária;
4. Fábrica de refrigerante;
5. Uma fábrica de automóveis.

Respostas:

1 – <u>Clínica</u>: o paciente, os familiares ou acompanhantes, o seguro-saúde.
2 – <u>Editora</u>: os distribuidores, os livreiros, os leitores.
3 – <u>Escola</u>: os alunos, a sociedade.
4 – <u>Fábrica de refrigerantes</u>: os distribuidores, os consumidores.
5 – <u>Fábrica de automóveis</u>: os distribuidores (concessionárias), consumidores.

Estariam completas essas respostas? Não!

Mesmo identificando os principais segmentos, há que buscar os subsegmentos. Por exemplo, vamos analisar detalhadamente dois casos: o de uma escola e o de uma fábrica de refrigerantes. No caso da escola, o pai também é cliente; afinal é ele quem acompanha a educação do filho, é formador de opinião, enfim, paga a mensalidade. Imaginemos qual o futuro de uma escola que ignore os anseios do cliente "pais". É possível não ouvir o cliente "pais"?

Quanto à fabrica de refrigerantes, tomemos o exemplo da Refrigerantes Minas Gerais[16] (fabricantes da Coca-Cola). Ela segmenta seu mercado da seguinte forma:

- Mercado-Lar: supermercados, padarias, mercearia, distribuidores e autolicenças.
- Mercado-Frio: bares, restaurantes e lanchonetes.

A principal diferença entre os mercados lar e frio é que, no primeiro caso, o cliente final compra o refrigerante para ser consumido em casa; enquanto, no segmento Mercado-Frio, o refrigerante é consumido no local.

Entretanto, não basta sabermos quais os segmentos e subsegmentos de mercado. Precisamos entender a fundo o que cada um desses clientes quer, o que mais lhe agrada, o que não lhe agrada, quais suas conveniências, etc. e ir ao encontro dos anseios e das expectativas de cada um desses grupos de clientes. No caso da fábrica de refrigerantes, a depender do subsegmento de mercado, a

---

16. Empresa mineira que tem como política a plena satisfação do cliente, e onde tivemos oportunidade de desenvolver o programa "O Cliente Encantado" para cerca de 250 pessoas.

ênfase no interesse prioritário pode variar entre: maior prazo ou melhores condições de pagamento, maior variedade de produto, maior velocidade de reposição, etc. Cabe à empresa estar atenta, perguntar, levantar as expectativas e caminhar no sentido de dar exatamente o que cada grupo quer.

Até agora falamos em segmentos e subsegmentos de clientes; entretanto, se possível for, teremos de ir mais fundo, ou seja, conhecer minuciosamente os anseios não só de cada subsegmento, mas de cada cliente de forma individualizada, buscando exatamente o que cada um quer. Mas como isso é possível? Não era. Mas, agora, com o extraordinário desenvolvimento da informática, com poderosos bancos de dados, a um custo cada vez mais acessível, toda empresa terá possibilidade de conhecer cada cliente como "a palma de sua mão". Um bom exemplo de empresa que busca mapear seus clientes é a Shell.

Vejamos:

> "*A Shell está investindo 2 milhões de dólares por ano, em marketing direto, para falar com os motoristas de caminhão. Seus esforços nessa área começaram a ser incrementados há seis anos. Naquela época, a Shell queria fazer algo que parecia então muito difícil: reunir, em um único banco de dados, informações sobre uma boa parcela dos 900 mil caminhoneiros existentes no país. Para isso, criou o Clube Irmão Caminhoneiro Shell (...) a Shell encara essa iniciativa como uma forma de se diferenciar dos concorrentes.*"
>
> (Exame, 28 out. 1994, p. 78-79)

Aprofundaremos a questão da necessidade de conhecer o cliente minuciosamente na Quarta Parte. Na sequência (Operação Resgate – fase II), analisaremos o que é necessário ter claro para dizer com segurança: "Eu conheço o meu cliente". É o que veremos a seguir.

Operação Resgate – Fase II: a "redescoberta" propriamente dita. Exercício

> *A Volvo também "redescobriu" que o caminhoneiro é cliente*
>
> "'O caminhão da Volvo é bom para o patrão – pela resistência e desempenho –, porém ruim para o motorista – pelo desconforto.' Foi essa a conclusão a que chegou a Volvo, sediada em Curitiba, depois de ouvir clientes. (...) Para atender à exigência de conforto, os técnicos da empresa aumentaram a cabine em 25 centímetros..."

(Exame, 25 mai. 1994, p. 71)

Precisamos conhecer muito bem cada segmento, cada cliente de forma individualizada... se possível for! E conhecer o cliente é muito mais do que saber quem ele é (em forma segmentada ou em nível individual). É preciso ir muito mais fundo. Agora, exercite-se nesse sentido.

Exercício:

Para fazer esse exercício, procure preencher o formulário a seguir. Para isso, escolha dois segmentos de clientes (ou clientes individualizados), dentre os mais importantes para seu negócio.

Questões	*Cliente X*	*Cliente Y*
1º- O que você produz ou fornece para esse cliente?		
2º- O que ele faz com isso?		
3º- Especificação: • como o cliente quer? • onde quer? • quando quer?		
4º- Qual a expectativa do cliente em relação ao seu trabalho?		
5º- Seu desempenho é medido? • como? • qual o instrumento utilizado? • há um formulário? • o cliente acha satisfatório?		
6º- Melhorias em relação aos clientes: • há melhorias? • há indicadores ou índices que demonstrem isso? • há um plano de melhoria?		

Reflexões:

- Foi fácil, rápido e direto responder a todas as questões?
- Todas as questões estão claramente respondidas? Ou só algumas?
- Estão respondidas não só para dois ou três segmentos, mas para todos os segmentos de clientes? (não esqueça os possíveis clientes ocultos!)
- Não só você, mas todos no setor, no departamento, na empresa como um todo, têm respostas para essas questões?
- A resposta de todos é a mesma? Ou há discordâncias? Todos falam uma mesma linguagem?

Se você não tem todas as respostas, você pode até pensar que conhece o cliente, mas não o conhece. E conhecer parcialmente – em tempos de rápidas e constantes mudanças – é o mesmo que não conhecer nada.

– Senhores passageiros do voo 2010, com destino à sobrevivência, dirijam-se ao portão de embarque, com os passaportes.

*Conhecer o Cliente é uma condição necessária
a todas as empresas que queiram competir nesta
nova era, a Era do Cliente.*

Redescobrir e mapear os clientes são trabalhos que funcionam como uma espécie de passaporte para a Era do Cliente. E, como tal, precisam ser feitos nas empresas, o mais rápido possível!

Terceira Parte
A Empresa Focada no Cliente e Sua Satisfação

Capítulo 10

O Foco no Cliente Como Alvo Prioritário para o Sucesso – Critérios de Excelência do Prêmio Nacional da Qualidade (PNQ)

Que a qualidade hoje é importante, ninguém mais discute. Entretanto, dentro do processo da qualidade, o que é mais crítico para o sucesso organizacional?

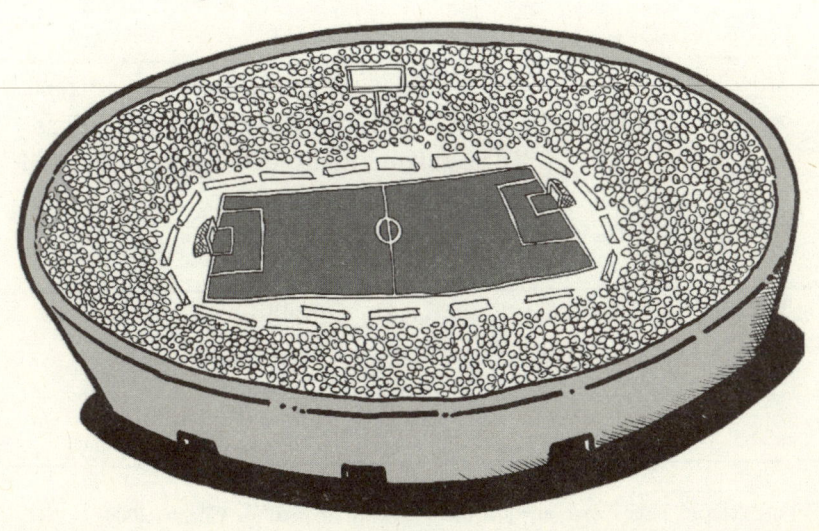

O *"Foco no cliente"*.[17] Este passou a ser alvo prioritário.

Como ficará evidenciado durante todo este livro, o cliente está sendo colocado definitivamente no centro das atenções empresariais em todo o mundo. Isso é manifestado no discurso e na prática de todas as empresas líderes de mercado. Mais que isso, o PNQ – Prêmio Nacional da Qualidade –, refletindo uma tendência das mais importantes premiações na área da qualidade em todo o mundo, dá um destaque especial ao assunto "Cliente" e os "resultados" obtidos pela empresa "Relativos ao Cliente". Vejamos:

Critérios do PNQ

1. Liderança	1.1 Sistema de liderança 1.2 Cultura da excelência 1.3 Análise crítica do desempenho global
2. Estratégias e Planos	2.1 Formulação das estratégias 2.2 Operacionalização das estratégias 2.3 Planejamento da medição do desempenho global
3. Clientes e Sociedade	3.1 Imagem e conhecimento de mercado 3.2 **Relacionamento com clientes** 3.3 Interação com a sociedade
4. Informações e Conhecimento	4.1 Gestão das informações da organização 4.2 Gestão das informações comparativas 4.3 Desenvolvimento do capital intelectual
5. Pessoas	5.1 Sistemas de trabalho 5.2 Capacitação e desenvolvimento das pessoas 5.3 Qualidade de vida

---

17. Em evolução. Hoje é mais adequado dizer: Foco "no foco" do Cliente, 2003.

6. Processos	6.1 Gestão de processos relativos ao produto 6.2 Gestão de processos de apoio 6.3 Gestão de processos relativos aos fornecedores 6.4 Gestão financeira
7. Resultados da Organização	7.1 **Resultados relativos aos clientes e ao mercado** 7.2 Resultados financeiros 7.3 Resultados relativos às pessoas 7.4 Resultados relativos aos fornecedores 7.2 Resultados dos processos relativos ao produto 7.3 Resultados relativos à sociedade 7.4 Resultados dos processos de apoio organizacionais

(FNPQ, 2001, p. 19)

As empresas são julgadas, no que se refere ao estado da arte da Gestão da Qualidade Total, nas sete categorias relacionadas anteriormente. Cada categoria tem uma pontuação que reflete sua importância relativa dentro do contexto da Qualidade Total; dentro destas, destacam-se os itens 3.2 e 7.1, relativos a clientes. Isso nos dá uma medida exata da importância de se estar perfeitamente sintonizado com o cliente, para que a empresa seja bem-sucedida nos dias de hoje. Contra fatos, não há argumentos!

Capítulo 11

E Sua Empresa, é Ou Não é Focada no Cliente?

O que significa ser focado no cliente: o ponto de vista do PNQ – os itens de avaliação

Dentre as sete categorias de análise do PNQ, particularmente a de número 3 refere-se ao relacionamento das empresas com seus clientes. Na sequência, ver-se-ão os requisitos exigidos por essa categoria, com seus cinco itens de avaliação.

> **3 –** *Clientes e Sociedade*
> O Critério Clientes e Sociedade examina como a organização monitora e se antecipa às necessidades dos clientes, dos mercados e das comunidades; divulga seus produtos, suas marcas e suas ações de melhoria; estreita seu relacionamento com clientes e interage com a sociedade. O Critério também examina como a organização mede e intensifica a satisfação e a fidelidade dos clientes em relação aos seus produtos e marcas.

> ### 3.1 *Imagem e Conhecimento de Mercado*
> Descreve como a organização identifica, compreende e monitora as necessidades dos clientes e dos mercados, atuais e potenciais, de forma a se antecipar e desenvolver novas oportunidades. Descreve também como a organização divulga seus produtos e suas marcas, de forma a fortalecer sua imagem positiva e tornar-se conhecida pelos clientes e mercados.
>
> ### 3.2 *Relacionamento com clientes*
> Descreve como a organização disponibiliza canais de acesso e determina o grau de satisfação dos clientes. Descreve também como a organização constrói relacionamentos para manter as atividades atuais e desenvolver novas oportunidades.
>
> ### 3.3 *Interação com a sociedade*
> Descreve como a organização identifica, compreende e monitora as necessidades das comunidades e os ecossistemas afetados por suas atividades e produtos para fortalecer o espírito de cidadania e cumprir com suas responsabilidades sociais.

(FPNQ, 2001, p. 28-31)

"O Cliente em primeiro lugar" – na prática, a teoria é outra. Três testes para saber se a empresa é ou não é focada no cliente; ou como fazer uma auditoria da qualidade em serviços em cinco minutos

Temos visto muitas empresas de alto nível, com certificado na ISO 9000, com processos de TQC, Qualidade Total implantada, com excelentes resultados já alcançados, etc. Entretanto, resta a pergunta: isso é suficiente para que a empresa seja efetivamente focada no cliente? Não, absolutamente não!

"O Cliente em primeiro lugar" - na prática, a teoria é outra.

Além das questões colocadas pela categoria sete do PNQ, sugerimos a execução de alguns testes simples para saber se uma empresa é ou não é efetivamente focada no cliente. Vamos em frente...

Primeiro teste: O da secretária.

Situação:

Você está sentado na recepção da empresa (de um departamento ou setor) e presencia a seguinte cena:

A secretária atende o telefone; é um diretor da empresa. Ao mesmo tempo, em outro ramal, o cliente chama. Após a identificação de ambos, quem a secretária deixa esperando? Quem é atendido em primeiro lugar?

Reflexões:

- em sua empresa, quem é atendido em primeiro lugar: o chefe ou o cliente?
- na maioria das empresas que você conhece, quem fica esperando?

– O senhor aguarde um minutinho porque agora estou atendendo ao diretor da empresa.

Comentários:

Se o cliente não é sempre atendido em primeiro lugar, o diagnóstico é simples: a empresa não é focada no cliente. Não há meio-termo.

Segundo teste: O do cafezinho.

Situação:

Em uma reunião onde se encontram o presidente, chefes e clientes, entra alguém servindo café. Quem é servido em primeiro lugar?

Reflexão:

- em sua empresa, a quem primeiro é servido o café, ao chefe ou ao cliente?
- de modo geral, o que acontece nas outras empresas?

– No, no, no, primeiro, meu chefe. O senhor aguarde sua vez, que eu vou servi-lo depois.

Comentários:

Na maioria das vezes, vemos que as pessoas mais "importantes" (do ponto de vista de quem serve o café) são servidas em primeiro lugar. Nesse caso, estabelece-se uma verdadeira hierarquia: primeiro o presidente, depois o diretor de mais prestígio, depois o segundo diretor (de menos prestígio, é claro), o chefe, etc. E o cliente? Espera! Eventualmente, nos cursos que ministramos, um ou outro participante discorda e diz: "Isso não ocorre nas empresas em que as pessoas são educadas". É um equívoco. Mais uma vez insistimos em que a questão principal não é de educação, mas de falta de "consciência" do significado do cliente para a empresa. É de se esperar que as pessoas que servem o cafezinho na empresa – geralmente de baixo nível de escolaridade –, se não forem treinadas e conscientizadas de que o cliente deve estar em primeiro lugar, de forma "natural", essas pessoas tendem a agradar os mais "chegados" ou mais "importantes da empresa", e, nesse caso, não há dúvida: o presidente é servido em primeiro lugar.

Outra situação, muito comum, é o café ser servido por critério de proximidade (ou geográfico), ou seja, quem estiver mais próximo, leva. Alguém tem de dizer (conscientizar e treinar) à pessoa que serve o café que o cliente é mais importante do que todos os que trabalham na empresa, inclusive o presidente. Essa consciência tem de ser instalada, de cima para baixo, senão....

Terceiro teste: O Estacionamento.

Situação:

Certa vez, fui convidado a participar de um debate sobre Qualidade em um programa de televisão. Na portaria da empresa, fui "barrado" e informado pelo vigilante que não poderia estacionar no pátio interno: "... é exclusivo da diretoria e funcionários". Ponho meu carro na rua; atravesso o pátio de estacionamento, e vejo algumas vagas personalizadas: "Presidente", "Diretor Financeiro", etc. E o que é pior, eram 7 horas e cerca de 80 % das vagas estavam desocupadas. Entre várias vagas, por mais que procurasse não encontrei nenhuma com o nome: "Cliente". Aliás, o vigilante já havia me indicado: lugar de cliente é na rua!

Reflexão:

- Em sua empresa há "vagas" para clientes?
- Você já pensou na possibilidade de que a dificuldade de o cliente estacionar pode prejudicar seu negócio?
- Como será que o cliente vê tal situação e reage a ela?

Comentários:

Se o cliente é importante, tem de ser tratado como tal. Sobre isso deve ser louvado o exemplo da TAM, que destinou um prédio em frente ao aeroporto de Congonhas–SP, onde a princípio seria instalada a administração da empresa, para ser utilizado como estacionamento dos clientes, e, o que é melhor, gratuito. É isso aí! Qualidade se faz com atitudes. Por outro lado, tenho visto casos de algumas empresas que antes ofereciam estacionamento gratuito aos clientes e agora passaram a cobrar. Sob qual pretexto, não importa. Essa atitude é profundamente equivocada, uma vez que se trata de uma conveniência adquirida pelo cliente, e sua retirada causa mal-estar, além de que a imagem da empresa sai "arranhada". Isso é um tremendo retrocesso! Seguramente, não é uma ação que esteja sintonizada com os dias atuais. Enfim, é uma atitude muito pouco inteligente.

Se a empresa não passa nos três testes acima, a conclusão é única:

A empresa não é focada no cliente!

Não podemos aceitar meios-termos, meias-verdades. Nesse caso, temos de ser radicais: a empresa é, ou não é, focada no cliente. Se for, esses detalhes são importantes. É da soma de pequenos detalhes que é feita a Qualidade Total. Não adianta a empresa ter certificado da ISO 9000, etc, se não atender a esses "requisitos" fundamentais. Essas ações são simples, mas difíceis de ser encontradas na prática. Nossa experiência demonstra que ainda são raros os casos de empresas que passam nesses três testes. Dezenas de diretores, gerentes e formadores de opinião de empresas já passaram por nosso curso O Cliente Encantado, e jamais nenhum deles garantiu, de forma enfática, que as empresas que eles representam estão imunes a problemas dessa natureza. E o universo ao qual nos referimos é de empresas de vanguarda, uma boa parte delas com certificados na ISO 9000 e/ou com programas de qualidade implantados há algum tempo... Imagine o resto (!?!?).

A cultura voltada para o chefe está atrapalhando, e muito!

É inequívoco o fato de que as pessoas trabalham voltadas (ou focadas) para o "patrão" ou para o "chefe"; estes, efetivamente, são os clientes (!?!?). Essa prática é uma herança da "Era do Produto", que, conforme analisamos, tinha como principal característica ser voltada para dentro da empresa (para o produto), e não para fora (para o cliente). Como consequência de ser voltada para dentro, desenvolveu-se na empresa o culto ao chefe. Agora, a situação mudou de forma radical. Na empresa focada no cliente, o verdadeiro patrão não é o dono da empresa, o diretor ou o chefe imediato, mas o CLIENTE. Este, sim, é o verdadeiro patrão desta nova era; é ele quem paga o salário (põe o supermercado em casa, paga a escola das crianças, etc.). É o CLIENTE quem gera os lucros, paga impostos e dividendos aos acionistas. Se alguém duvida disso, propomos uma experiência simples.

> **Teste dos 30 dias.**
>
> Faça com que fiquem ausentes da empresa, por 30 dias, as seguintes pessoas: o presidente, um chefe e os clientes.
>
> Nos primeiros 30 dias, o presidente ausenta-se. Retornando o presidente, o chefe fica fora, também por 30 dias. E, finalmente, após o retorno do chefe, "dê férias" ao cliente; nos seguintes 30 dias, sua empresa não atenderá a pedidos nem a clientes.
>
> Reflexões:
> - O que acontecerá em cada uma das etapas de 30 dias?
> - De que a empresa sente mais falta?
> - É possível se viver 30 dias sem presidente e sem chefe?
> - E sem clientes? Até quantos dias sua empresa resiste?

Atenção: não nos responsabilizamos pela aplicação desse teste e pelas conclusões que porventura a empresa possa ter. Como, por exemplo...

Era uma vez...

Um chefe que nunca queria sair de férias. **Alguns – de longe** – admiravam toda aquela dedicação pela empresa. Outros, mais próximos, sabiam que o chefe tinha medo de que sua ausência não fosse notada. **Outros, muito mais próximos**, tinham uma certeza: "A coisa vai funcionar muito melhor". Em caso de dúvidas, o chefe evitava ao máximo delegar – tinha de estar envolvido em tudo –, afinal, como pessoa "indispensável", precisava estar sempre presente. Por isso que, na medida do possível, não se ausentava. Que dedicação!

Um dia ele tirou longas férias, e não mais voltou. E todos foram muito felizes – quase – para sempre!

– Espelho, espelho meu, tem alguém mais importante do que eu?

– Agora tem, chefe, é o CLIENTE.

Capítulo 12

O Que Fazer para Criar na Empresa uma Cultura Voltada para o Cliente – Ações Prioritárias

Como presidente, inverta tudo, fique de cabeça para baixo!

A maneira mais eficaz de mudar a cultura da empresa "voltada para o chefe" para uma cultura "voltada para o cliente" é fazer a inversão da pirâmide.

O que vem a ser inversão da pirâmide hierárquica?

No livro *Cliente nunca mais!*, apresentamos a Hierarquia Estruturada para Liquidar o Cliente (Almeida, 1993, p. 134-135). Trata-se de uma forma de organizar a empresa de maneira rígida, de cima para baixo; nos moldes "manda quem pode e obedece quem tem juízo". Um modelo inspirado na hierarquia militar. Foi esse modelo que forjou e sustenta a cultura da empresa voltada para o chefe, modelo predominante na Era do Produto. Chamamos esse modelo de Muro de Berlim Organizacional.

Hierarquia Tipo: *Muro de Berlim*

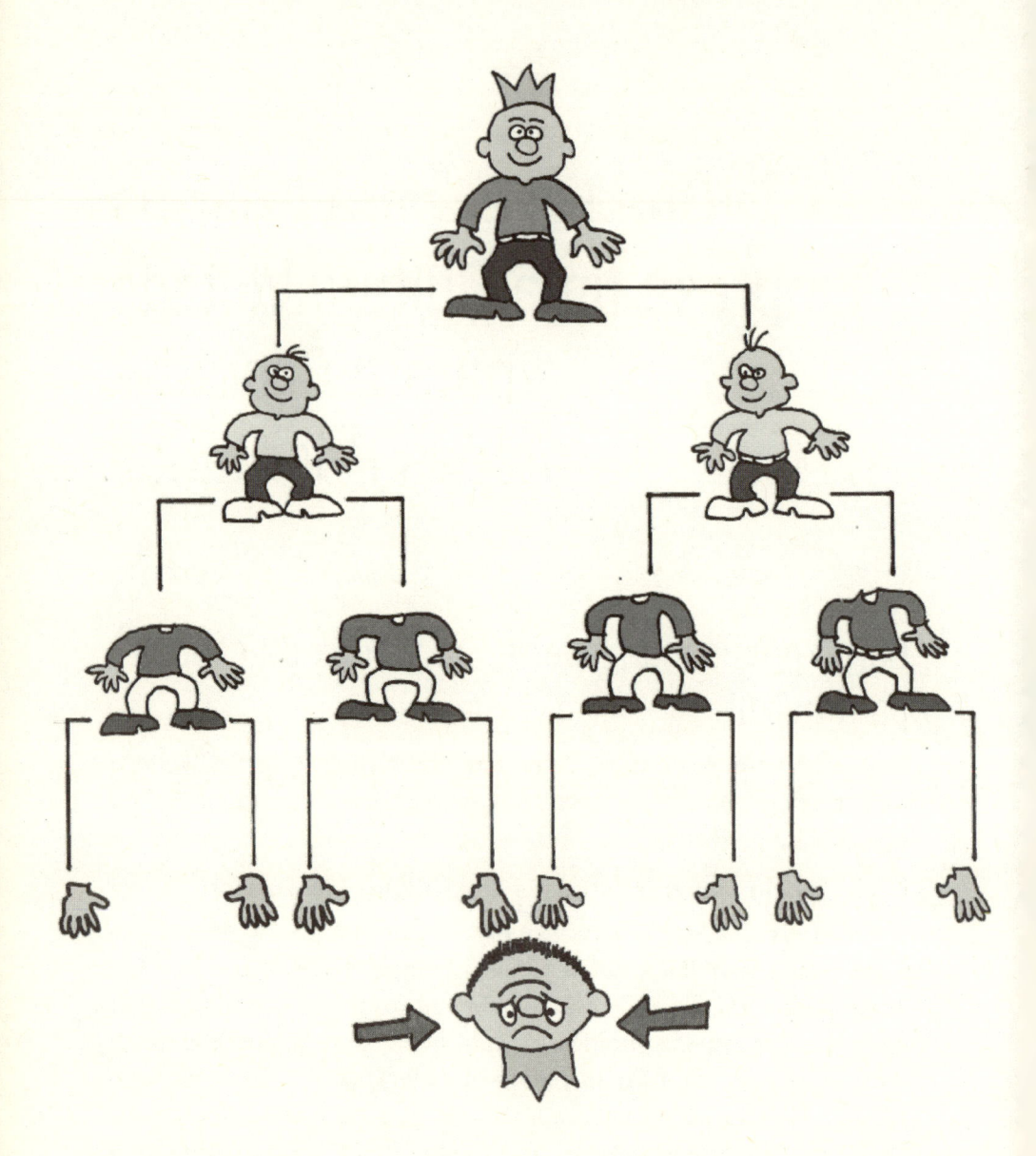

Interpretação do Muro de Berlim Organizacional:

1) No primeiro plano, vê-se o presidente ou superintendente da empresa. Literalmente aqui temos o rei, sua majestade, primeiro e único. Toda a atenção e "foco" da empresa são voltados para ele. Todos querem ser "amigos do rei". Quem quiser que não o seja!
2) Abaixo do rei vem a diretoria com os representantes autênticos. Têm a "cara" do rei, vestem-se como o rei (lembram-se da propaganda das camisas US Top? O Fernandinho, por coincidência, estava sempre com a camisa igual à do chefe). Eles só não têm a coroa do chefe maior, mas sonham diariamente com ela.
3) Em terceiro plano vem a gerência ou os chefes. A turma do deixa disso. Eternos amortecedores de conflitos. Ah! Não têm cabeça! Para quê, se são do tipo "pau-mandado"? Têm mais é de cumprir as diretrizes impostas pelo rei, que é assessorado pelos "bobos da corte", ou seja, a diretoria.
4) Por fim, a turma da vitrine ou funcionários – que, no fundo, no fundo, são protagonistas do maior número de Momentos da Verdade que ocorrem diariamente na empresa (chi! Aí é que a coisa pega). Esta turma não tem nem cabeça nem corpo, mas tem mãos... e as usam muito bem. Para quê? Para dar "tapa" no cliente.

Infelizmente é o que ainda vemos, na prática, na maioria das empresas. E isso não vai mudar enquanto esse modelo permanecer instalado nas empresas.

Por que Muro de Berlim Organizacional?

Porque, assim como o muro que separava as duas Alemanhas, o muro organizacional também é separatista. Ele separa a empresa de sua razão de ser. Ele coloca o foco no chefe (no diretor, no presidente), roubando-o do cliente. Com isso, têm-se instaladas as condições ideais para termos uma empresa voltada para dentro, para os produtos.

O Muro de Berlim já caiu (a humanidade agradeceu!); resta cair o Muro de Berlim Organizacional (o cliente vai agradecer, e muito).

"Detonar" o **Muro de Berlim Organizacional** *é missão inadiável para todos os líderes empresariais.*

Com isso, serão estabelecidas as condições mínimas para que tenhamos efetivamente uma empresa voltada para o cliente.

E como fazer isso? É simples; invertendo a pirâmide.

Exercício:

Abra este livro na página 120 e vire-o de "cabeça para baixo". Agora, veja a figura da Hierarquia Tipo: Muro de Berlim de forma invertida. O que você vê de diferente?

Com a inversão da pirâmide (do organograma), os papéis mudam...

O presidente da empresa passa a ser um apoiador, um consultor, um orientador, um educador, enfim, um verdadeiro líder empresarial. Literalmente seu papel é invertido. Por consequência, também é invertido o papel da diretoria, das gerências e das chefias. O foco agora não é mais as "chefias", mas o cliente. Muda tudo!

E qual a consequência dessa mudança?

Aquelas mãos – dos funcionários – que antes serviam para "machucar", maltratar os clientes, agora são usadas para acariciar, encantar o cliente.

Obs.: Veja o detalhe da ilustração do cliente (na página 120). Antes, com uma cara chateada. Depois, com a página invertida, o cliente passa a ser majestade.

Essa é uma mudança radical. A tarefa é simples, mas não é fácil. As resistências e os bloqueios são muitos (afinal, o desafio é mudar um estilo gerencial em vigor há várias décadas). Por isso tal mudança precisa ser patrocinada por líderes firmes, de visão, líderes determinados. Definitivamente, não é uma tarefa para vacilantes!

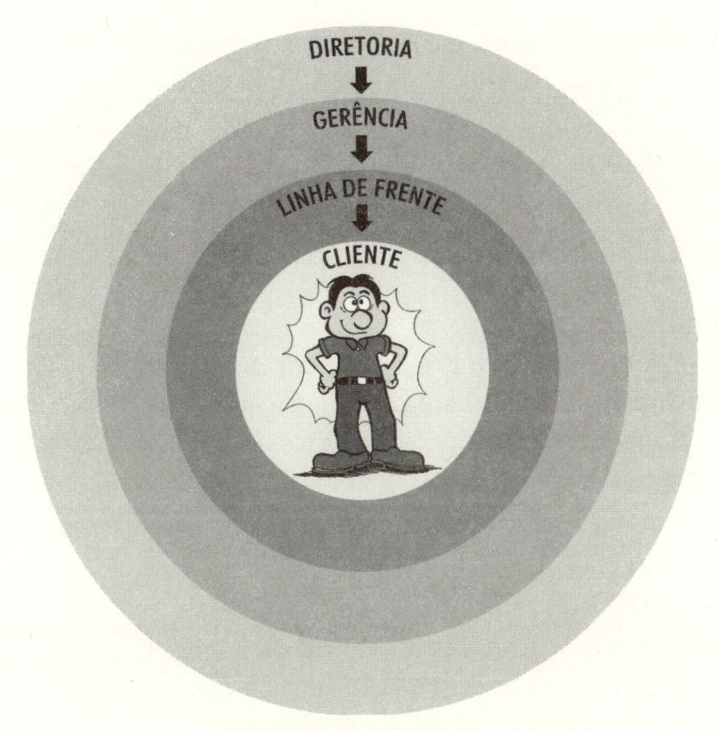

Para melhor representação dessa nova cultura voltada para o cliente, em vez do velho e desgastado organograma (as caixinhas fechadas, hierarquizadas e ligadas por uma linha), sugerimos a representação por um Organisgrama.[18]

Promova uma forte campanha de conscientização – uma verdadeira "lavagem cerebral" coletiva

Uma vez dado o exemplo – de que o universo não gira em torno de si, mas do cliente – o líder empresarial deve promover a...

conscientização de todos sobre o significado do CLIENTE

e da satisfação dele, para a empresa nos dias de hoje; e o impacto disso nos lucros, nos salários... enfim, na sobrevivência da empresa, e de todos os seus funcionários!

---

18. Organisgrama é um neologismo que criamos a partir das palavras organograma e organismo (orga + nismo). Significa um organograma vivo, flexível, adaptável; portanto, mais adequado à Era do Cliente.

O quê, quem, onde, quando, como, fazer isso?...

Uma proposta para deflagrar o processo de conscientização!

O que fazer?

Uma forte conscientização de que o cliente é a razão de ser da empresa. Portanto, ele deve vir efetivamente em primeiro lugar, e não os chefes.

Quem deve fazer?

A alta cúpula da empresa deve dar a partida. Deve ser criada uma onda, envolvendo todos, de cima para baixo. Estabeleça a diretriz: "O cliente em primeiro lugar". Promova essa diretriz por meio de exemplos concretos, de pequenas ações, como:

- orientar a secretária para que atenda primeiro à chamada do cliente;
- saborear o cafezinho, só após o cliente;
- sobre o estacionamento (se existir apenas uma vaga, que tal deixá-la para os clientes? Que belo exemplo!).

Se você é líder, lembre-se de que o pessoal, para agir, aguarda por "sinais" e ações concretas; não por palavras vazias nem tapinhas nas costas. Quer transformar? Dê o exemplo.

> "Uma ação vale mais que mil palavras."
> Confúcio (551-479 a.C.)

Como fazer?

Através de uma campanha ou de um programa incluindo: palestras, cursos, cartazes, debates, jornais internos, etc. E exemplos, exemplos, exemplos... Atitudes, atitudes, atitudes... Pouco discurso, e muita ação.

Onde fazer?

Em toda a empresa, em todo os setores, em todas as unidades. Todas as pessoas devem estar envolvidas e compromissadas com o cliente, do presidente ao mais simples funcionário. Se alguém fica de fora, o resultado fica comprometido.

Quando fazer?

Já! Imediatamente. Pode ser que amanhã seja tarde demais. Lembre-se de que esse é um processo cultural. Como tal, não pode ser feito por decreto. Leva tempo para ser digerido. E, se você ainda não começou, já está atrasado!

A "LAVAGEM CEREBRAL"

1º ATO

2º ATO

3º ATO

– Cliente, meu amor.... Cliente, lá, lá, lá.... Eu não vivo sem você!

Inaugure na empresa a prática de ouvir a voz do cliente

> *"Sature sua companhia com a voz do cliente. Crie uma real intimidade entre você e seus clientes. Com isso você revolucionará sua própria conduta e mudará sua posição competitiva."*

Richard Whiteley

Richard Whiteley (Whiteley, 1992) coloca de forma enfática a necessidade de "saturar a empresa" com a voz dos clientes. Seria isso um exagero? Não. Mais do que nunca, é o cliente quem efetivamente dirige a empresa. É o cliente quem aponta a direção; quem sinaliza; quem fornece o ritmo, a velocidade; quem indica as mudanças necessárias. Enfim, sem as informações que emanam do cliente, é simplesmente impossível dirigir uma empresa na atualidade.

Fechar os olhos e os ouvidos para o cliente é uma loucura.
É um suicídio empresarial!

Todo planejamento, estratégia ou ação empresarial deve ter como base, como referencial mais importante o cliente. E como fazer isso? Simples. Abrindo e estimulando canais para que o cliente se comunique de forma regular com a empresa. Dizemos simples porque, efetivamente, ouvir o cliente não é "nenhum bicho de sete cabeças", e pode ser feito por meio de mecanismos extremamente simples. Existem diversos meios ou métodos já consagrados de ouvir o cliente. Como, por exemplo:

- pesquisas de mercado;
- caixinha de sugestões;
- pesquisas de satisfação do cliente;
- *ombudsman*[19] (ouvidor geral);
- conselho consultivo de clientes;
- contatos pós-vendas.

---

19. Segundo Marco Aurélio Klein, o *Ombudsman* tem a "... função específica de ouvir o cliente (...) não é o executivo da resolução, mas o representante, o advogado do cliente, é ele quem garante que o cliente terá uma resposta, uma solução". (Cetta, 1993, p. 50)

Estes, entre outros, são canais que viabilizam para que a voz do cliente chegue até a empresa, através de suas expectativas, anseios, sugestões e reclamações. Evidentemente, cada uma dessas alternativas tem prós e contras, e são mais ou menos adequadas a um determinado tipo de negócio. O importante é que a empresa, ou setor, tenha um ou dois instrumentos definidos para ouvir de forma sistemática a "voz do cliente". A condição de ser sistemática significa que o instrumento seja padronizado e tenha uma frequência estabelecida (mensal, por exemplo).

Na Era do Cliente, uma das maneiras mais eficazes de "afundar" uma empresa é fechar os olhos e os ouvidos para os clientes. Um bom exemplo é o avestruz que, diante de uma crise (perigo), resolve o problema escondendo a cabeça dentro do buraco. Com isso, ele fica tranquilo... e morre sossegado!

Quarta Parte

O Cliente Encantado®
Um Novo Conceito para a Qualidade

Capítulo 13

O Que Significa Satisfazer o Cliente?

O cliente é o verdadeiro e único juiz da qualidade em serviços. E o julgamento da qualidade de um serviço recebido depende da expectativa e da percepção pessoal de cada cliente.

O que é expectativa do cliente?

No *Dicionário Aurélio*, encontramos o seguinte significado para a palavra "expectativa":

> **Expectativa:** *esperança fundada em supostos direitos, probabilidades ou promessas.*

(Ferreira, *Dicionário Aurélio*, 1986)

Expectativa todo mundo tem, de tudo. Ter expectativa é como respirar; é uma ação automática, vinculada à natureza humana. Toda ação ou situação a ser vivida no futuro é precedida de uma expectativa, consciente ou inconsciente. Assim como "pensar", "ter expectativa" é uma prerrogativa do ser humano. Uma das importantes diferenças entre o animal racional (homem) e o animal irracional é que o primeiro tem visão de futuro e noção de passado, enquanto o segundo vive só o presente, o instante. Basta haver a capacidade de ter visão de futuro para se ter expectativa.

Um exemplo: *a expectativa criada ao telefone*

– Que voz essa secretária tem! Deve ser uma "gata"!

O que é percepção do cliente?

A Percepção é a realidade sentida (ou realidade percebida) por uma pessoa. Ainda no *Dicionário Aurélio* encontramos o seguinte significado para a palavra "percepção":

> **Percepção:** "formar ideia de".

(Ferreira, Dicionário Aurélio, 1986)

A percepção é única, ou seja, cada pessoa tem uma, a depender do "ponto de vista" de cada um. A percepção que o cliente tenha de uma empresa ou de um serviço recebido pode ser positiva ou negativa. Em cada Momento da Verdade que o cliente vivencia em uma empresa, a percepção pode variar entre fortemente positiva (encantamento) ou extremamente negativa (profunda decepção).

A equação da satisfação do cliente

$$\text{Satisfação}[20] = \frac{\text{Percepção}}{\text{Expectativa}}$$

A satisfação do cliente pode ser analisada por meio da relação acima, ou seja: a satisfação é igual à percepção sobre a expectativa. Ou melhor, ainda,

a satisfação do cliente é uma relação entre o que ele viu (percebeu) e o que ele esperava ver (expectativa).

Analisando a fórmula anterior, podem ser tiradas algumas conclusões em conjunto:

- quanto maior for a expectativa (visão prévia do nível de serviço), maior também será a possibilidade de o cliente se frustrar; portanto, de ficar insatisfeito;
- quanto maior a percepção (percepção positiva) do cliente, maior também será a possibilidade de o cliente ficar satisfeito.

Ou ainda podemos dizer que:

- A satisfação do cliente é <u>diretamente proporcional</u> à sua percepção, ou seja, quanto maior for a percepção, maior será a satisfação do cliente.
- A satisfação do cliente é <u>inversamente proporcional</u> à sua expectativa, ou seja, quanto maior a expectativa, maior a possibilidade de o cliente ficar insatisfeito ou frustrado.

Fatores que influenciam na percepção e na expectativa dos clientes

Tanto a percepção como as expectativas dos clientes em relação a um determinado serviço dependem de uma série de fatores. A influência, maior ou menor, de cada um deles está diretamente relacionada

---

20. Equação adaptada pelo autor, a partir de Milend Lele e Jagdish Sheth, citados por Zulzke, 1991, p. 120.

com a "vivência" de cada cliente. Destacamos, como importantes, os seguintes fatores de influência:

1. Estrutura da personalidade:

Há pessoas "amargas", problemáticas, difíceis de ser agradadas. Por outro lado, há pessoas dóceis, com alto grau de tolerância, etc. A estrutura da personalidade do cliente influencia a percepção dele diante de um serviço recebido.

2. Estado de espírito:

Costumamos dizer que é muito difícil desagradar a alguém que acaba de ganhar na loteria esportiva. De modo geral, o "estado de espírito" de uma pessoa varia com seu estágio evolutivo, com as pressões do cotidiano, com os problemas que tem de administrar; varia com o dia e, eventualmente, até com o momento de cada um. Daí a expressão "hoje estou com um alto astral".

3. Informações armazenadas:

O nível, o volume e a "qualidade" das informações e experiências, que se vão acumulando com o passar do tempo, influenciam na percepção que as pessoas têm sobre as coisas e as diversas situações do cotidiano.

4. Experiência com outras empresas:

Todo julgamento é relativo, é comparativo. O cliente, quando julga ou percebe a qualidade de um serviço, faz isso de forma comparada com experiências já vividas em outras organizações. Logo, a experiência que o cliente tem com outras empresas – concorrentes ou não – é determinante no contexto da opinião pessoal.

5. Experiência com a própria empresa:

Se o cliente já teve uma experiência com a empresa, portanto já experimentou um determinado padrão de serviço naquela empresa, ele não aceita recuos. Ou seja, quando o cliente retorna, ele traz consigo um padrão de serviço histórico (uma percepção histórica), e isso vai influenciar o julgamento da qualidade presente. São muito comuns os seguintes comentários: "Esta loja já teve um atendimento muito melhor", "a comida deste restaurante não é mais a mesma", etc.

Capítulo 14

A Empresa do Terceiro Tipo – Classificação das Empresas Quanto ao Relacionamento com os Clientes

Quanto ao relacionamento com os clientes, classificamos as empresas em três tipos:

A empresa que **Desencanta**
A empresa **Normal**
A empresa que **Encanta**

Faremos uma análise destes três tipos de empresa, a partir da equação de satisfação do cliente. Antes, vamos simplificá-la:

$$S = \frac{P}{E}$$

Sendo:
S de Satisfação
P de Percepção
E de Expectativa

ESTADO DO CLIENTE	
	DESENCANTADO
	NORMAL
	ENCANTADO

CLASSIFICAÇÃO DAS EMPRESAS

Desencantadora P < E	Situação em que o padrão de serviço fornecido pela empresa está abaixo da expectativa do cliente. Ou seja, o cliente espera um determinado nível de atendimento, e a empresa surpreende-o com algo pior. Quando a *percepção* é menor que a *expectativa* (P<E), dá-se o fenômeno a que chamamos de DESENCANTO. Essa é a situação típica das empresas que "maltratam" seus clientes, através das dezenas dos Momentos da Verdade que ocorrem no dia a dia.
Normal P = E	Esse tipo de empresa tem como prática atender às expectativas dos clientes. Encaixa-se no conceito de qualidade do famoso especialista nessa área, Philip Crosb. Ele define qualidade como "conformidade com os requisitos", ou seja, fazer exatamente o que é previamente especificado (ou combinado), nada mais, nada menos. Esse conceito pode ter sido válido na década de 1970, pode ser válido para a qualidade intrínseca dos produtos. Mas, para serviços, não! Na qualidade em serviços, há que extrapolar os requisitos dos clientes.

Encantadora P > E	Trata-se da empresa que, além de atender "aos requisitos" e às "práticas usuais", normalmente surpreende de forma positiva o cliente. Tem como diretriz "exceder", dar "algo a mais". Quando o cliente espera um determinado nível de serviço, e percebe que o serviço recebido é melhor, nesse caso dá-se o fenômeno que chamamos de ENCANTO. Esse tipo de empresa está sempre um passo à frente da concorrência.

Uma reflexão!

A propósito, no que se refere ao relacionamento com os clientes...

Que tipo de...	*Desencantador(a)*	*Normal*	*Encantador(a)*
... empresa é a sua?			
... departamento ou setor é o seu?			
... profissional é você?			

Capítulo 15

Expectativa x Percepção do Cliente – um Jogo Perigosíssimo

Brincar com a expectativa do cliente é brincar com fogo. Tem gente que está se queimando

Imaginemos a seguinte situação...

Você vai ao cinema e gosta de um determinado filme. Encontrando uma pessoa conhecida, recomenda-o. Qual a ênfase que você daria a essa recomendação? Qual, das quatro maneiras abaixo, se aproximaria mais de sua recomendação?

a) recomendo que você assista a "tal filme";
b) assista a "tal filme"; assisti e achei muito bom; recomendo-o;
c) não perca "tal filme"; é excelente;
d) é o melhor filme que já vi na vida; não o perca de jeito nenhum.

Se você escolheu a alternativa (d) – mesmo que de fato tenha sido o melhor filme a que você tenha assistido –, correrá um grande risco: o de ser visto como um idiota. Motivo: você levantou demais a expectativa de seu conhecido.

Expectativa é "fogo", e com fogo não se brinca. Apesar disso, muitas empresas andam se "queimando" com os clientes. Andam prometendo o que não podem cumprir. Enfim, induzem os clientes a criarem expectativas que não correspondem à realidade dos fatos.

Propaganda – você não imagina o mal que ela pode fazer![21]

De modo geral, nas peças promocionais criadas pelas agências de propaganda e colocadas na mídia (TV, outdoor, jornais, revistas, etc.), veem-se cenários maravilhosos, pessoas encantadoras, enfim tudo é minuciosamente planejado para se vender um "sonho", uma "fantasia".

O principal papel da propaganda é o de atrair clientes. Muito bem. Mas cuidado! É justamente aí onde mora o perigo.

Quando a propaganda se desvia, de forma "abusiva", da realidade, e "exagera" na tentativa de "seduzir" o cliente, ao mesmo tempo está criando uma "alta" e "falsa" expectativa na cabeça do cliente. A propaganda muito "atraente" pode se constituir em uma "armadilha", isto é, poderá ser "uma faca de dois gumes". O resultado disso pode ser catastrófico para a empresa que contratou a agência de propaganda.

Na Era do Cliente, a credibilidade passa a ser importante para o sucesso da empresa. O cliente já não é mais o mesmo; não se pode mais enganá-lo, como anteriormente, e sair impune. Aliás, o próprio Código

---

21. Referimo-nos aqui à propaganda malfeita, desenvolvida por agências que não consideram os aspectos discutidos e "alertados" neste tópico. Por força da justiça, é importante reafirmar que no país atuam agências de excelente nível. Cabe a cada um "separar o trigo do joio".

de Defesa do Consumidor (artigos 37 e 66) contempla penalidades para a prática do "exagero" ou da propaganda enganosa. Vejamos:

> *CAPÍTULO V - Das práticas comerciais*
> *SEÇÃO III - Da publicidade*
>
> *ART. 37* - É proibida toda publicidade enganosa ou abusiva.
>
> # 1º - É enganosa qualquer modalidade de informação ou comunicação de caráter publicitário, inteira ou parcialmente falso, ou de qualquer outro modo, mesmo por omissão, capaz de induzir ao erro o consumidor a respeito da natureza, características, qualidade, quantidade, propriedades, origem, preço e quaisquer outros dados sobre produtos e serviços.

(*IDEC*, 1991, p. 62)

> *CAPÍTULO VII - Das sanções administrativas*
> *TÍTULO II - Das infrações penais*
>
> ART. 66 - Fazer afirmação falsa ou enganosa, ou omitir informação relevante sobre a natureza, característica, qualidade, quantidade, segurança, desempenho, durabilidade, preço ou garantia de produtos ou serviços:
> Pena - Detenção de três meses a um ano e/ou multa.
> 1º - Incorrerá nas mesmas penas quem patrocinar a oferta.
> 2º - Se o crime é culposo: Pena: Detenção de um a seis meses ou multa.

(*IDEC*, 1991, p. 62)

Moral da História: Na Era do Cliente, propaganda enganosa passou a ser caso de polícia! Portanto, "todo cuidado é pouco!".

A "falsa expectativa" e a "propaganda enganosa" andam de mãos dadas!

Por outro lado, invariavelmente ouvimos o seguinte argumento:

"Está no Código do Consumidor, muito bem! Mas, no Brasil, as letras das leis são mortas, não funcionam..."

Não é bem assim, ele está mudando... e muito. É melhor não pagar para ver!

Por outro lado, o mau empresário pode até escapar da justiça ou driblá-la, isso é verdade. Entretanto, não poderá driblar as leis do mercado. Não poderá enganar a todos, por todo o tempo. À medida que a competitividade empresarial e o nível de consciência dos clientes aumentem, a empresa que assim atue será implacavelmente banida do mercado. Essa, sim, será a efetiva penalidade.

Para não esquecer os danos que a "publicidade enganosa" ou a "falsa expectativa" podem fazer a um empreendimento, escutemos esta!

> *O Superdotado!*
>
> *Chegando a uma cidade do interior, um forasteiro começou a "espalhar" a notícia de que era capaz de fazer sexo com 20 mulheres, uma após a outra, sem parar. Enxergando uma excelente oportunidade de negócio, um conhecido empresário da cidade fez-lhe uma proposta:*
>
> *Empresário: "Ó rapaz, você consegue mesmo isso?".*
>
> *O Superdotado: "'Craro', dotô, eu já fiz várias vezes, pelo Brasil afora".*
>
> *Empresário: "Então vamos organizar um show: proponho-lhe uma parceria meio a meio. Eu cuido da parte empresarial, e você, do espetáculo".*
>
> *O Superdotado: "Negoço fechado, dotô".*
>
> *Empresário: "Vamos ficar ricos. Mas olha lá, rapaz, você faz isso mesmo?".*

> *O Superdotado: "Fica 'tranquilo' dotô, nunca 'faiei'".*
>
> *Diante de tamanha firmeza, o empresário investiu tudo. Foram três semanas de trabalho duro na promoção do "Show do Século – O homem mais bem-dotado do mundo". TV, rádio, out-door, jornais, entrevistas, etc. Cinco dias antes do show, a bilheteria estava esgotada. Ingressos? Só no câmbio negro. O empreendimento era um sucesso absoluto.*
>
> *Chegou o grande dia. A tropa de choque da PM foi chamada para garantir a segurança. Na falta de ingressos, o povo queria invadir o teatro; afinal era o homem que aguentava com 20 mulheres – um fenômeno! Ninguém queria perder. "Vinte? é coisa do outro mundo!".*
>
> *Enfim, começou o espetáculo: veio uma mulher, outra, seis, 12... a plateia se empolgava cada vez mais, agitando bandeiras e gritando... "Êta, cabra macho!". Veio a 14ª, 15ª... a plateia foi ao delírio: "Brasiiiilll, Brasiiiill, Brasiilll"... Quando então nosso herói começou a dar sinais de cansaço, tremer as pernas, cambalear, a 16ª foi difícil, na 17ª não suportou: caiu desmaiado! Imediatamente, a galera começou a gritar: Bicha, bicha, bicha, bicha, bicha, bicha.*
>
> *O empresário e o ex-superdotado saíram fugidos da cidade, escoltados pela polícia. A promessa era de 20... 17, era bicha, e pronto!*

Moral da história: quem brinca com a expectativa do cliente, se queima.

Não seria muito mais fácil, e mais inteligente, adequar plenamente a empresa à Nova Era, ou seja, inserir a empresa, de "corpo e alma", na Era do Cliente?

Percebem-se sinais de inteligência quando, em vez de enganar ou "levar vantagem", a empresa busca não só satisfazer, mas extrapolar as expectativas dos clientes. Enfim, busca encantá-los!

Muito bem, a opção não é por enganar, mas por encantar o cliente. Para isso você está lendo este livro. A propósito, qual o limite para o encantamento? É o que veremos a seguir.

Capítulo 16

Encantar o Cliente: O Que é? O Que Não é?

Em primeiro lugar, encantar o cliente é antes de tudo não desencantá-lo, é falha zero. Os três mandamentos do encantamento

Há um caminho natural – constituído de três passos – a ser trilhado por uma empresa que busque encantar o cliente:

Mandamentos do Encantamento	
Primeiro:	Não desencante
Segundo:	Satisfaça
Terceiro:	Extrapole, encante

Antes de pensar em encantar, a empresa tem de se preocupar em não desencantar. Depois satisfazer, e finalmente encantar o cliente. Esse é o caminho natural; queimar etapas é o mesmo que tentar subir uma escada pelo último degrau.

Recapitulando, lembremo-nos do ciclo de serviços, com seus diversos Momentos da Verdade (MVs). Lembremo-nos da empresa como um grande processo dividido em subprocessos, cada um representado por um elo de uma corrente. Agora, imaginemos sua empresa encantando o cliente em 90% das situações e, nos 10% das restantes, criando problemas, irritando-o profundamente com pequenas disfunções (defeitos) que poderiam ser evitadas. Se isso acontecer, todo o esforço de encantamento estará perdido. Toda uma política de encantamento será jogada "ladeira abaixo".

E qual seria a melhor maneira de evitar falhas ou defeitos? Implantando e consolidando a Qualidade Total[22] na empresa, desenvolvendo sistemas, padrões, procedimentos, itens de controle, etc. Com isso "enjaulamos" os defeitos, as falhas, e evitamos que "problemões" ou "probleminhas" de simples resolução venham atrapalhar ou desmoralizar a política de encantamento do cliente.

Um processo de Qualidade Total consolidado minimiza a possibilidade de a empresa desencantar um cliente, ao mesmo tempo em que maximiza a possibilidade de satisfação dele. Com isso, o terreno estará preparado para o desenvolvimento do processo de encantamento do cliente.

Projetos e ações que encantam o cliente – exemplos

1) Sadia – O Caso do Peru

"(...) o episódio vivido pelo economista carioca A. S. Ramos, 35 anos, é exemplar. Morando sozinho em um apartamento na Tijuca, Ramos é um absoluto leigo na cozinha. (...). Para driblar o problema, decidiu ligar para o serviço de atendimento ao consumidor da empresa. Pediu orientações. Pelo telefone, uma nutricionista da Sadia foi acompanhando cada passo da batalha. Alguns minutos depois voltou a ligar para Ramos, informando-o de que estava na hora de tirar a obra-prima do forno. 'Achei o máximo! Uma hora depois a moça ainda me ligou perguntando 'se o peru ficou bom', elogia o consumidor. Isso é um tratamento de Primeiro Mundo."

(ISTOÉ, 4 mai. 1994, p. 60)

---

22. Um bom referencial é o TQC (Total Quality Control), tecnologia de Gestão da Qualidade já amplamente difundida no Brasil através de livros, cursos e seminários. O livro pioneiro deste processo é o "TQC – Controle da Qualidade Total: no estilo japonês", de Vicente Falconi Campos. Mas atenção! Sobre Qualidade em Serviço, este livro deve ser utilizado apenas como referencial, uma vez que é baseado em experiências na produção industrial, portanto, um ambiente extremamente diferenciado de Serviços. Entretanto, quando o objetivo é o desenvolvimento de sistemas e padrões, este livro continua sendo a "bíblia" da área da qualidade. Vale a pena conferir.

2) A empresa assegura o tempo bom – O exemplo do McDonald's

"A rede McDonald's, em seu programa de satisfação total, chega ao extremo de atender aos fregueses, com atenção redobrada, em horários de chuva. Algumas das 74 lojas da rede oferecem capas especiais para acondicionar os guarda-chuvas e protetores plásticos de roupa."

(*ISTOÉ*, 4 mai. 1994, p. 63)

3) Tocando no fundo da sensibilidade do cliente – A TAM dá o tom

Com o projeto "Music Hall", em sua sala de embarque no aeroporto de Congonhas, a TAM encanta seus clientes com música ao vivo.

4) Concessionária ou centro de diversões? O caso da Cetibrás, concessionária Fiat (BH)

"Enquanto a oficina realiza a revisão no carro do cliente, por apenas duas horas, ele pode ocupar esse tempo assistindo a um filme em uma sala especial de cinema. (...) Além da sala de exibição (...) um mini playground com pedagoga para crianças cujos pais estejam aguardando; e ainda uma sala de estar para aqueles que preferirem a leitura ao filme."

(*Gazeta Mercantil*, 12 ago. 1995, p. C-8)

Encantar é surpreender o cliente

Por natureza, o processo de encantamento é dinâmico, não para nunca. A palavra "encantar" guarda uma estreita relação com as palavras "surpreender" e "inesperado". A empresa que busca encantar o cliente é inquieta, é criativa. Supera-se a todo momento; tem como meta exceder sempre!

Tudo tem limite. Encantamento também. A questão é saber: qual o limite?

Encantar o cliente não é uma ação nada parecida com o "puxa-saquismo". O "puxa-saco" é um sujeito indigno. O processo de encantamento é essencialmente elegante, e dentro desse contexto não há lugar para ações e sentimentos escusos. Eventualmente é preciso saber dizer não ao cliente (alguém disse que "o cliente tem sempre razão" – você acredita nisso? Ou isso cheira um pouco a demagogia?). Há situações em que é necessário dizer um "não" ao cliente (aliás, o cliente prefere um não verdadeiro do que dois sim mentirosos). Evite ao máximo, mas, se não houver outro jeito, se você tiver de dizer não a um cliente, isso deve ser feito com muita elegância, com a força da verdade. Na maioria das vezes o cliente vai entender.

– Eu quero pagar em cem vezes sem juros.

Há limites para tudo, e o processo de encantamento do cliente não é uma exceção. Na questão do limite – até onde um funcionário deve e pode ir – reside um dos aspectos mais difíceis em uma política de encantamento do cliente. Uma coisa é certa: para que os funcionários possam agir – diante das centenas de MVs que protagonizam no dia a dia com os clientes –, precisam estar sinalizados pela alta cúpula da empresa, com limites ou referências que lhes permitam agir de forma rápida e segura. Para isso, a descrição da Política da Qualidade, as diretrizes da empresa, os princípios, os valores, padrões e procedimentos claros e objetivos, funcionam como indispensáveis instrumentos de sinalizações e limites para a ação. Todos eles são importantes balizadores para os funcionários. Citaremos dois exemplos:

Exemplo 1: A sinalização dada pelos princípios da empresa

Há cerca de três anos vivenciamos uma situação que nos demonstrou, na prática, a força dos princípios empresarias como instrumento de sinalização dos funcionários em um processo de encantamento dos clientes. Foi o seguinte...

Durante a realização de um curso para clientes, um estagiário atendeu à solicitação de um cliente a respeito da possibilidade de obter gratuitamente um kit adicional, contendo o material didático do curso de que ele estava participando. Mesmo implicando custos adicionais, o estagiário não teve dúvidas, atendeu ao pedido, de imediato. Por ter partido de um estagiário – uma pessoa recém-chegada à empresa –, aquela iniciativa nos prendeu a atenção. Nós o chamamos para conversar. Nosso objetivo era descobrir a razão fundamental que apoiara aquela iniciativa. Ele nos disse: "Foram os princípios da empresa". Dentro de nossa política, o rapaz estava absolutamente certo. Um de nossos princípios operacionais é: "Encantamento".

Exemplo 2: O limite colocado por um padrão

Um bom exemplo é o de Carl Sewell, o maior vendedor de carros de luxo dos Estados Unidos. Ele tem uma regra muito simples, que funciona como padrão, e é adotada por todas as concessionárias de sua rede. Regra:

"Até $ 500, é provável que não discutamos com ninguém. Acima disso, porém, a questão entra na área de julgamento."
(SEWELL, 1993, p. 56)

No fundo, essa regra estabelece a seguinte diretriz:

Até 500 dólares o cliente tem sempre razão.

Não vale a pena o envolvimento com apurações, se o cliente tem ou não razão, em questões ou reclamações de valores menores que 500 dólares. Paga-se e pronto! Para esse tipo de negócio – venda de carros de luxo –, possíveis pequenos prejuízos (até $500) são considerados como investimento no relacionamento com os clientes. Tacada de mestre. Será obra do acaso o fato de Carl Sewell ser o maior vendedor de carros de luxo dos Estados Unidos?

Uma política e diretrizes escritas – que efetivamente funcionem e não sejam letra morta – são indispensáveis para sinalizar e estabelecer os limites dos funcionários, em ações de encantamento do cliente. Entretanto, isso não é tudo. A equipe tem de estar muito bem preparada e motivada para o trabalho. Sem isso, nada feito. Não é possível o desenvolvimento de uma cultura de encantamento sem o envolvimento e o compromisso de todos que trabalhem na empresa.

Para encantar o cliente é necessário gastar muito dinheiro?

Não, absolutamente não. Costumamos dizer que encantamento inteligente é aquele realizado a custo zero, ou a custo marginal (custo insignificante ou desprezível). Nos dias de hoje, é proibido falar de custos nas empresas, a não ser que seja para baixá-los.

Nossa proposta de encantamento é utilizar os recursos já disponíveis na empresa. É um equívoco pensar que encantamento se consegue com o oferecimento de brindes, prêmios, investimentos de vulto, etc. O encantamento depende fundamentalmente de um atendimento e de um relacionamento "excepcionais". E para conseguir essa meta não são necessários grandes investimentos; muito pelo contrário.

Para ilustrar a tese do encantamento a custo zero ou marginal, daremos dois exemplos: no primeiro, transcrevo o caso de um hotel, relatado pelo consultor americano Michael Gerber; o segundo é uma experiência nossa, na condição de empresário:

> ***Caso 1:*** *Um fósforo, uma bala de menta, uma xícara de café e um jornal*
>
> *"Da primeira vez, foi acidental; pelo menos para mim. Não havia sido minha intenção parar naquele lugar.*
>
> *Estava dirigindo há horas e, já cansado da estrada, resolvi descansar. (...) Quando cheguei à recepção (...) o hall do hotel estava iluminado com luz suave. (...) Atrás do balcão da recepção, uma moça (...) de rosto alegre, saudou-me amavelmente: 'Bem-vindo ao Venetia'. Não precisou mais de três minutos entre essa saudação e minha entrada no quarto (...) fiquei impressionado com a facilidade do procedimento.*

> *E o quarto! A principal impressão foi de discreta opulência. (...) uma cama (...) impecavelmente limpa (...) uma lareira (...) um fósforo apropriado, em posição perfeitamente alinhada sobre a lareira, para ser riscado.*
>
> *Encantado com minha sorte, mudei de roupa para o jantar (a moça da recepção fizera minha reserva junto com o registro). (...) A refeição foi tão deliciosa, como tudo que tinha experimentado até então. (...) Assinei a conta e voltei ao quarto (...) estava ansioso pelo fogo da lareira (...) Alguém tinha se antecipado.*
>
> *Já havia um lindo fogo na lareira. A cama estava preparada, os travesseiros arrumados, com uma bala de menta sobre cada um. (...)*
>
> *Ao adormecer, naquela noite, senti-me muito bem servido.*
>
> *Na manhã seguinte, acordei com um estranho som de borbulhar vindo do banheiro. Saí da cama para investigar. Uma cafeteira, ligada por um timer automático, estava preparando meu café. Um cartão apoiado nela dizia: 'Sua marca predileta de café. Bom apetite!'.*
>
> *E era mesmo. Como eles podiam saber esse detalhe? De repente, lembrei-me. No jantar, perguntaram-me qual minha marca preferida de café. E aqui estava ela! (...) houve um leve toque na porta. Fui abrir (...) na frente da porta, jazia um jornal. Meu jornal (...) como era possível eles saberem disso? Mais uma vez, lembrei-me: quando me registrei, a recepcionista havia perguntado qual o jornal que preferia.(...)*
>
> *O que, exatamente, o sistema ofereceu?*
>
> *Um fósforo, uma bala de menta, uma xícara de café e um jornal!*
>
> *(...) Cada componente individual era uma solução orquestrada..."*

(GERBER, 1990, p. 96-98)

Fantástico, não é? Quem não gostaria de se hospedar nesse hotel? Seria difícil se estabelecer esse padrão de serviço? Isso dependeria de quê? De quem?

Reflexões:
- *Quantos milhões de dólares o proprietário desse hotel investiu para alcançar esse resultado?*
- *Será que as instalações desse hotel são muito diferentes dos outros?*
- *Foi o luxo do hotel que fez a diferença? Que luxo? Esse hotel necessariamente era luxuoso?*
- *O que é que faz a diferença nesse hotel: as instalações, as pessoas, o sistema, o gerenciamento ou os detalhes (bala, jornal, café, etc.)?*

Não há nenhuma "magia" que faça com que esse hotel seja diferente e "encantador"; atrás desse resultado, encontramos como causas fundamentais:
- um sistema – gerência (padrões e rotinas estabelecidas);
- pessoas treinadas e motivadas.

> **Caso 2: O caso da Cocada-Puxa**
>
> *Os gerentes de processo da Cetta iniciaram a seguinte prática, que posteriormente se estabeleceu como padrão: colocar uma pequena embalagem, contendo "cocada-puxa", sobre a mesa dos participantes dos cursos. Estes, ao retornarem do almoço, são surpreendidos com o pequeno presente gastronômico.*

Alguns comentários:

1 – Esse procedimento era observado em todas as cidades onde eram realizados cursos da Cetta, exceto em Salvador. Nessa cidade, há uma variável no padrão. O ritual é o mesmo; muda-se apenas o produto. Em vez de uma cocada-puxa, os participantes recebem um chocolate. Motivo: por ser um produto popular e original da Bahia, a cocada não encanta o baiano; por outro lado, pelas mesmas razões, encanta as pessoas nativas de outros estados do Brasil.

2 – Após três anos do início desse procedimento, evidentemente que há clientes que nesse período já saborearam dezenas de vezes a cocada. Para eles, essa ação já não é mais surpreendente, mas esperada. Entretanto, essa prática continua encantando os que têm acesso a ela pela primeira vez.

3 – Por outro lado, além dos próprios clientes, que já não se surpreendem mais com uma determinada iniciativa, outras empresas passam a imitar o mesmo procedimento. À medida que o tempo passa, uma determinada ação, que antes encantava, torna-se uma ação normal, e sua ausência ou subtração é vista como "falha" pelo cliente. Por isso o processo de encantamento é naturalmente dinâmico e inovador. Isso explica por que toda empresa que se preocupa apenas em copiar, e não em inovar, criar, acaba tendo dificuldade para instalar uma cultura de encantamento do cliente.

Considerando que, no negócio de realização de cursos e seminários, continua sendo uma ação de encantamento o fato de distribuir um "doce" ao cliente, após o almoço, faremos algumas reflexões:

- Qual a "fortuna" que a Cetta gastava com as "cocadinhas"?
- Como alguém se sente ao receber um "doce"?
- O cliente julga o quê: o valor unitário da cocada, ou que alguém está se lembrando dele?
- Qual seria a relação custo/benefício desse procedimento para a imagem institucional da empresa?

Outros exemplos de encantamento a custo marginal ou custo zero:

- McDonald's – se o cliente derruba uma bandeja dentro da loja, recebe automaticamente outra com o mesmo conteúdo. E, o que é melhor, de graça.
- Hotel Regent Park (SP) – o hóspede encontra diariamente, na porta de seu apartamento, um jornal de cortesia.
- O motorista de táxi que oferece seu celular para o cliente usar.
- A loja de roupas para adultos que tem sempre em estoque pirulitos para serem dados às crianças acompanhadas dos pais.

- Um sorriso sincero.
- As informações solicitadas são respondidas imediatamente.
- Uma especial atenção ao cliente.

Poderíamos listar centenas de exemplos, todos com uma característica em comum: custos insignificantes (custos marginais) ou até custo zero (como o sorriso sincero e a resposta rápida). Basicamente, os investimentos requeridos em um processo de encantamento incidem no "ser humano" e em sistemas gerenciais. E esses tipos de investimentos, via de regra, chegam a ser desprezíveis, se comparados com o investimento em instalações e equipamentos.

Cuidado! Encantamento não é promoção, que se dá hoje e se tira amanhã

Todo padrão de serviço que é adicionado ao cliente termina incorporado, passa a ser direito adquirido. Se a empresa retira uma vantagem adicionada anteriormente, isso é um retrocesso! O cliente passa a "perceber" uma falha, um defeito. O que de fato ocorre é que o padrão da qualidade cai, sob o ponto de vista do cliente.

Se você não pode manter, não proponha nada! Essa é uma regra básica do processo de Encantamento do Cliente.

Essa questão nos remete ao gerenciamento do encantamento. Falaremos disso a seguir.

Capítulo 17

O Gerenciamento do Encantamento

O processo de encantamento do cliente requer um competente gerenciamento. Cuidado! Não disparar na frente, querendo encantar de qualquer maneira, a qualquer preço. Afinal, qual o principal objetivo da empresa? É encantar ou ter resultados?.

O processo de encantamento do cliente é uma estratégia de negócio; é um meio para obter melhores resultados, não um fim em si mesmo.

Por isto, o processo de encantamento tem de ser "dosado", muito bem gerenciado. E, para gerenciar o processo de encantamento, precisamos estar "ligados" o tempo todo aos anseios e às necessidades do cliente. E também atentos aos movimentos das empresas que atuam no mesmo mercado (monitoramento da concorrência).

> **Um exemplo de monitoramento...**
>
> *É a famosa corrida de São Silvestre (SP). Todos os anos, na etapa final da corrida, vê-se a seguinte cena: o corredor que se encontra à frente do pelotão periodicamente dá uma "olhadinha" para trás. Com isso ele vai administrando seu ritmo, a partir do constante monitoramento dos corredores mais próximos (concorrentes). Ele só dispara se for preciso. Já ocorreram casos de o vencedor cruzar a linha de chegada quase andando, tamanha era a vantagem dele em relação ao segundo colocado.*

*O importante é estar na frente,
com o menor esforço possível.*

Assim como em uma corrida, o ritmo de encantamento do cliente tem de ser gerenciado. A meta é estar sempre pelo menos um passo à frente – uma vez que ninguém se encanta com o que todo mundo dá. Entretanto, não há necessidade de disparar na frente. Disparar na frente, para o atleta, significa energia perdida, desnecessária. Para a empresa, significa custos desnecessários, desperdícios.

Quinta Parte

Para Onde Estamos Indo?
Realidade & Tendências

Capítulo 18

Exclusão do Mercado para as Empresas Que Desencantam

O nível da qualidade em serviços – como é percebido pelos clientes – depende de vários aspectos já discutidos neste livro, dentre os quais se destaca a vivência do cliente com outras empresas

Ninguém tem, faz ou julga qualidade de forma isolada.

O julgamento da qualidade em serviços é relativo, feito de forma comparativa. O nível de qualidade de uma empresa (na percepção de cada cliente) depende do nível de qualidade das empresas concorrentes. E, também, da comparação com o desempenho das empresas não concorrentes, uma vez que a experiência do cliente com empresas que atuam em outros negócios serve para despertar, educar; enfim, tornar o cliente mais exigente.

O julgamento da qualidade acontece a toda hora, na cabeça do cliente. E muda a cada momento. O cliente de hoje não é o mesmo de ontem, nem será o mesmo de amanhã. Suas necessidades, expectativas e sua percepção mudam a todo instante. A tendência é ele ficar cada vez mais exigente. O processo é extremamente dinâmico.

O cenário está mudando com uma velocidade estonteante. Se ainda hoje convivemos com empresas que desencantam o cliente, é uma questão de tempo. Se, infelizmente, a maioria das empresas ainda continua a desencantar o cliente, por outro lado, o número de empresas que buscam o encantamento cresce a cada dia. Estas últimas são as únicas que terão futuro!

Com o nível cada vez maior de competição e de consciência dos clientes, brevemente, muito brevemente, as empresas que insistem em desencantar o cliente estarão mortas.

Quanto tempo levará até que uma empresa se enquadre totalmente na Era do Cliente ou morra? Depende do atual grau de competitividade do mercado em que a empresa esteja inserida. Para muitos setores da economia, essa seleção natural já começou.

O encantamento do cliente passa a ser piso

O descaso, o mau atendimento, a ausência de consciência do significado do cliente, enfim, a falta de uma política e de uma prática focada no cliente, ainda predominam no ambiente empresarial. Nesse ambiente, a empresa que encanta o cliente possui uma vantagem competitiva. Como diz o ditado popular:

"Em terra de cego, quem tem um olho é rei."

Quem encanta, hoje, tem pelo menos um olho; entretanto, mais e mais empresas abrirão um olho, dois olhos... e aí o encantamento do cliente – que hoje é um fator diferencial – passará a ser piso (condição mínima). Quem assim não proceder, estará excluído implacavelmente do mercado. Em síntese, o encantamento do cliente será uma prática normal, obrigatória. E não exceção, como ainda o é.

Relação ganha-ganha:
outro princípio de negócio será inaceitável

No livro *Cliente Nunca Mais* (Almeida, 1993, p. 22), aparece como primeira, entre as "500 dicas para irritar ou perder o cliente", a seguinte sugestão:

> "Tenha a LEI DE GERSON como princípio básico
> para fazer negócios."

Na verdade, esse ainda é o espírito dominante – porém em processo terminal. Essa filosofia corrente também é coerente com a seguinte máxima popular:

> "Amizade, amizade, negócios à parte."

Convidamos você, leitor, à seguinte reflexão:

- Por que amizade não é compatível com negócios?
- Por que amizade tem de ficar "à parte" dos negócios?

A explicação não é difícil: quando se fazem negócios fundamentados em princípios ultrapassados, tais como:

- "para alguém ganhar, a outra parte tem de perder";
- "primeiro o meu, primeiro eu";
- "se não é um bom negócio para a outra parte, problema dele";
- "cada um que defenda o seu";
- "temos de levar vantagem em tudo".

Com base nesses pressupostos, que têm como princípio fundamental o GANHA-PERDE, ou seja, "eu ganho e você leva ferro", efetivamente é impossível conciliar amizade com negócios! Entretanto, essa situação tende a mudar cada vez mais. Na Era do Cliente, onde a fidelização e a manutenção do cliente são de vital importância para a sobrevivência de qualquer organização, adjetivos como credibilidade, honestidade e justiça passam a fazer parte da estratégia de toda empresa que pretenda ser vitoriosa. Afinal, até quando um cliente que se sente lesado, enganado e até "roubado" voltará para fazer negócio?

Que tal invertermos a máxima popular?

"Negócios, negócios. Grande oportunidade de fazermos amizades."

E por que não? Como subproduto de uma interação comercial baseada na amizade, temos o fortalecimento da relação. Afinal, é muito mais difícil para o concorrente "fisgar" seu cliente quando esse cliente é amigo seu. Pensemos nisso!

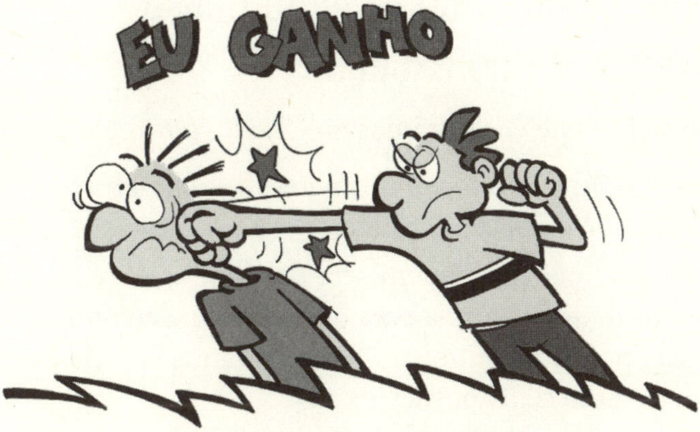
EU GANHO

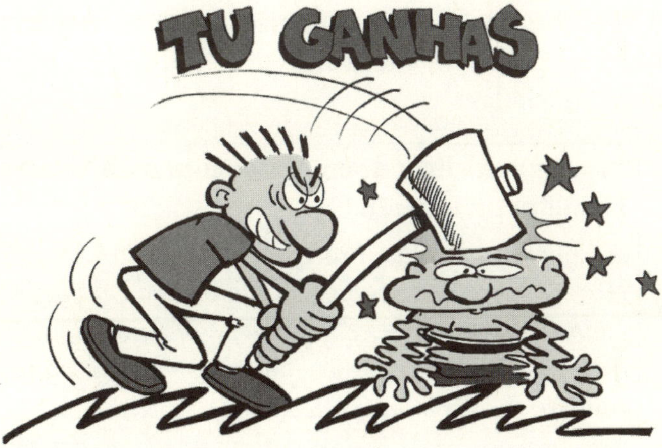
TU GANHAS

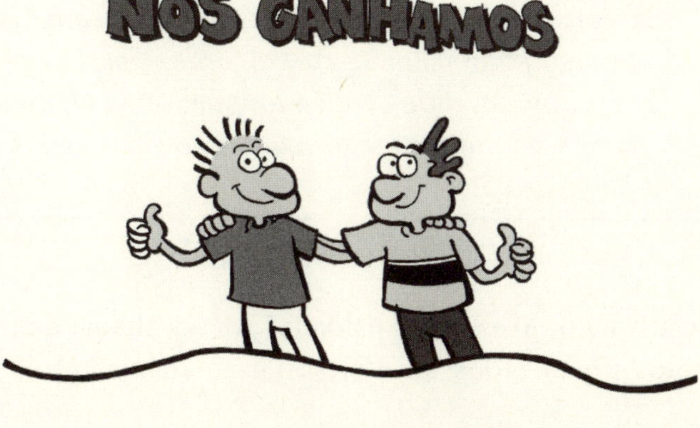
NÓS GANHAMOS

O cliente ciente e consciente passa a ser regra, e não exceção

Outra dica que encontramos no *Cliente Nunca Mais* é a seguinte:

> *"Aposte na ignorância dos consumidores.
> Na maioria das vezes você vai ganhar."*

Será? Mesmo que alguém seja do tipo "esperto", achando que vai levar muito tempo ainda para que a Lei de Gerson seja revogada, e até lá seja possível continuar "levando vantagem" de forma indiscriminada, é bom não apostar nisso.

Além de cada vez mais consciente, o cliente há muito não está só. Nessa nova Era do Cliente, já é comum uma série de iniciativas e a atuação de órgãos por meio de denúncias públicas de empresas que agem de forma "politicamente incorreta". Desde 1992, ações nesse sentido foram iniciadas.

Procon solta lista de empresas com mais reclamações: primeira divulgação

A Coordenadoria de Proteção e Defesa do Consumidor (Procon), órgão da Secretaria da Justiça e da defesa da Cidadania de São Paulo, divulgou ontem uma lista com os nomes de dez empresas que apresentaram o maior número de reclamações. Essa é a primeira lista divulgada pelo Procon, que atende à determinação do artigo 44 do Código de Defesa do Consumidor (Lei nº 8.078/90).

De acordo com esse artigo, "os órgãos públicos de defesa do consumidor manterão cadastros atualizados de reclamações fundamentadas contra fornecedores de produtos e serviços, devendo divulgá-los pública e anualmente. A divulgação indicará se a reclamação foi atendida ou não pelo fornecedor."

(Gazeta Mercantil, 21 maio.1992, p. 37)

Iniciativas como essas, respaldadas por lei, aliadas a centenas de movimentos organizados em defesa da cidadania, proliferam em todo o mundo – e o Brasil não é exceção –, somadas a diversos outros fatores determinantes da mudança – por nós já discutidos –, levando a concluir que o cliente tipo "otário", ingênuo, é uma figura que está a caminho da extinção.

O mundo – a nova vitrine do cliente

O mundo caminha a passos largos para ser uma aldeia global. A telemática (telecomunicações + informática) está cuidando disso. A rápida difusão e popularização da telemática possibilita cada vez mais a comunicação: pessoa a pessoa e empresas a clientes. A informação está cada vez mais disponível em todo o mundo, em tempo real. Disso vai se aproveitar o cliente, para obter o que ele mais quer: produtos e serviços com maior valor agregado. O cliente vai fazer negócio com quem lhe oferecer as melhores condições, seja na China, nos Estado Unidos, na Europa, em São Paulo ou na Jamaica... não importa o local.

Isso já é uma realidade entre nós. Vejamos:

Fato 1:

"Desde maio de 1995, o Brasil passou a integrante do AT&T USA Direct 800, um serviço de ligações gratuitas, pelo qual as empresas americanas comercializam seus produtos a clientes em 130 países do mundo. Portanto, os brasileiros já podem fazer compras nos Estados Unidos, sem sair de casa, através de um Serviço de 'Disque 800' (ligação gratuita internacional)."

(Folha de S. Paulo, 3 mai. 1995, p. 3)

Fato 2:

"Para chegar ao novo shopping center de Londres, o Barclay Square, pegue a supervia. Ou seja, a supervia eletrônica.

Os varejistas começaram a testar o potencial comercial da Internet, a rede global de computadores, ao usar os shoppings interativos (...) Mais que um catálogo eletrônico, que possibilita que o consumidor passeie entre ofertas, pelo computador, essas lojas cibernéticas permitem que os compradores encomendem produtos e paguem com cartão de crédito. Os produtos são entregues pelo correio."

(Gazeta Mercantil, 7 jul. 1995, p. C-5)

LOJAS LIQUI & DADOS
120 ANOS DE TRADIÇÃO

– Ó cumpadre. Cê sabe me dizer se essa tal Internet é nome de novela da Globo? Depois que ela chegou na cidade, as nossas vendas caíram muito.

Já não é mais possível ser apenas o melhor do bairro, o melhor da cidade! Descubra seu nicho de mercado e busque oferecer a melhor opção do mundo para seu cliente... antes que seja tarde!

O cliente não aceitará mais ser tratado como "massa"– surge a "Customização Maciça"

> *"Não existem mais mercados de massa. Hoje em dia só existem segmentos de mercado normalmente em nível microscópico."*

Roger Blackwell

Até quando a Rede Globo de televisão manterá uma liderança absoluta em audiência* no Brasil? Por mais bem equipada que possa ser, por melhor que seja sua equipe de técnicos e atores, enfim, por melhor que ela seja, a tendência é que essa liderança absoluta na TV convencional seja cada vez mais ameaçada. O que ocorrerá? Simplesmente o número de opções, principalmente de produtos similares e alternativos (TV a cabo, CD-ROM, etc.), assim como a especialização de TVs (a exemplo da Bandeirantes, "o canal do esporte"), fazem com que o telespectador se "pulverize" cada vez mais. A própria Rede Globo já percebeu isso – "O grupo pretende, por exemplo, prestar serviços de 'Direct TV', a TV direta por satélite, o que permite a exploração de um número quase ilimitado de canais." (*Gazeta Mercantil*, 4 set. 1995, p. 2)

O número de ofertas contemplará, mais e mais, os gostos variados das pessoas. O cliente não tolerará mais ser tratado como "massa" amorfa, impessoal, de "gosto" único, padronizado. Tomará a dianteira quem tiver a capacidade de segmentar produtos e serviços com sabedoria, se possível de forma individual. Os nichos de mercado estão pulverizados. Um bom exemplo disso é a indústria editorial. Percebemos, em uma simples banca de revistas, uma segmentação cada vez mais acentuada. Há revista sobre tudo. Vejamos um exemplo:

Uma revista somente sobre joias

"Uma revista dirigida aos consumidores de joias será lançada [agosto/95] (...) terá periodicidade trimestral, média de cem páginas (...) tiragem de 30 mil exemplares. (...) Tem como objetivo mostrar lançamentos e tendências no mercado de joias. (...) Vai trazer matérias sobre a maneira correta de usar joias, como guardá-las e como fazer manutenção (...) distribuída por empresas administradoras de cartões de crédito e mala direta, ficando (...) 20% para vendas em bancas de jornais."

(Gazeta Mercantil, 30 mai. 1995, p. C-7)

Quem diria: uma revista brasileira, especializada em joias, vendida em bancas de revista!

---

* N.A.: *Essa reflexão foi feita em 1995. Já em 2001, é sabido que a Rede Globo tem perdido eventualmente a liderança de audiência, em alguns horários da programação.*

Mais que a segmentação, a busca da individualização do cliente é uma tendência que aparece em todos os negócios, inclusive na indústria.

Particularmente na indústria, como resposta a esse anseio dos clientes, surgiu a chamada "customização maciça", que é uma síntese entre a produção em massa e a oferta individualizada.

> *Customização maciça significa: produção com "...variedade e personalização – tudo é utilizado para satisfazer mais e mais as vontades e necessidades individuais dos consumidores".*

(PINE II, 1994, p. 9)

O "milagre" da customização maciça é possível em razão do avanço tecnológico, que hoje permite grande flexibilidade de produção, a custos baixos. Vejamos dois exemplos:

1) No Brasil:

Um bom exemplo disso é a Fiat, que lançou no país a produção individualizada ou "customizada".

*"Pense na seguinte cena: você pega o telefone, liga para o fabricante e pergunta como está seu carro. '**No momento, ele acaba de sair da linha de montagem. A entrega será feita na próxima quarta-feira, à tarde**' [grifo nosso], responde uma voz do outro lado da linha. Tem mais. O carro está exatamente do jeito que você queria: cor, modelo, acessórios. Afinal, foi feito sob medida. É isso que vem acontecendo na Fiat brasileira. A montadora de Betim está introduzindo um novo conceito de fabricação: o de carro personalizado. A ideia é que o cliente passe a programar a linha de produção. O novo método inverte todo o processo tradicional. Em vez de terminar no consumidor final, a produção começa a partir dele (...) O sistema é simples; o cliente escolhe a cor e os opcionais do carro. A partir daquele momento, o automóvel entra na programação de produção da fábrica. Ao sair da linha de montagem, o número do CPF do consumidor é colado no para-brisa do carro."*

(Exame, 16 ago. 1995, p. 42)

2) no Mundo:

"No Japão, atualmente, a Toyota (...) está oferecendo aos clientes um prazo de entrega de cinco dias – a partir do dia em que o cliente pessoalmente projeta seu carro, feito sob medida (...) no show-room de um revendedor, ou na própria casa do cliente, através de um representante..."

(Schilie. In: PINE II, 1994, p. 39)

Simplesmente fantástico! Quem diria, partir da oferta única e imposta ao cliente – como deixou claro Henry Ford, no início do século – até a produção individualizada. Tremenda evolução! Isso é só o começo.

Acelerada agregação de valor em produtos e serviços

O cliente quer cada vez mais por cada vez menos. Não há como fugir disso. Um exemplo bem representativo é o da indústria de computadores. Chega a ser assustadora a velocidade com que os microcomputadores ficam cada vez mais sofisticados e poderosos, ao mesmo tempo em que cai o preço de venda.

Qual o limite para agregação de valor em um microcomputador? Simplesmente, não há limite!

É justamente nessa corrida frenética, de oferecer cada vez mais o melhor por um menor preço, que está a disputa competitiva entre as empresas. Manterão as posições de liderança as empresas que oferecerem produtos ou serviços com crescente valor agregado. Isso é válido não só para a indústria de informática, mas para qualquer negócio, em qualquer lugar do mundo.

Uma das características de uma empresa de visão é ser ativa, e não reativa. Antecipar-se sempre, e tomar a iniciativa no processo de agregação de valor ao cliente, sem que ele pressione para isso, o que já está acontecendo.

"O comprador de uma unidade do Condomínio Club Ibirapuera, em Moema (zona sul de São Paulo), tem grandes chances de se

assustar ao receber seu apartamento, em setembro do próximo ano [1996]. Mas será uma boa surpresa. Em vez do revestimento cerâmico das áreas molhadas (cozinha e banheiro), estipulado no memorial de incorporação, irá encontrar granito. No lugar da tubulação de PVC, cobre; e em vez das portas pintadas, portas enceradas.

O 'upgrade' (colocação de materiais de acabamento de melhor qualidade que os estipulados) foi a forma encontrada pelos incorporadores do condomínio – Brascan Imobiliária (80%) e Método Engenharia (20%) – de reverter, para o comprador das unidades, parte da economia obtida nos custos de construção."

(Gazeta Mercantil, 9 set. 1995, p. C-3)

Surpreender o cliente com uma inesperada agregação de valor é uma atitude típica das empresas do terceiro tipo, ou seja, empresas que encantam os clientes.

Remover obstáculos e criar cada vez mais conveniências para os clientes

Por que os shoppings centers são um sucesso em todo o mundo?

Porque se trata de um lugar que reúne um grande número de conveniências possíveis para o cliente. Por isso, de modo geral, as pessoas adoram os shoppings.

Que conveniências encontramos nos shoppings?

– Segurança:

Na rua, você pode ser assaltado com facilidade; seu carro roubado, riscado, etc. Você está sujeito à máfia dos "guardadores" de carro, trombadinhas, arrastões, etc.

– Conforto:

Temperatura agradável (como é bom fazer compras em um ambiente climatizado, principalmente em um país tropical como o nosso). Imagine!... Não tem chuva, sol forte.

– *Lazer:*

O shopping por si só é um parque de diversões. Sempre tem várias atrações: cinemas, shows, apresentações públicas, etc.

– *Fast-food:*

Tem alimentação rápida, barata e variada; e também sofisticada. Alimentação para todos os gostos!

– *Variedades:*

Em um shopping se encontra quase tudo, em um só lugar: vestuário, brinquedos, miudezas, material esportivo, supermercados, etc. Além de serviços diversos.

Essas e outras conveniências fazem dos shoppings a melhor opção de compras (e, em muitas cidades, também de lazer). Na realidade, um shopping center é um exemplo concreto de uma tendência cada vez mais decisiva no mundo dos negócios: a de oferecer conveniências ao cliente.

Podemos citar centenas de formas de oferecer conveniências aos clientes, algumas inclusive que deixam claro que, para dar conveniências ao cliente, não é preciso necessariamente de tecnologia ou de grande aporte de capital. Vejamos:

- Entrega de produtos na residência ou no escritório do cliente. Exemplos: compras de alimentos, pizzaria, remédios, livros, etc.
- Estacionamento, de preferência gratuito e com manobrista.
- Na área bancária: caixa eletrônico, operações bancárias via fax, fone, home banking (o banco em casa, via computador), serviços de saque e depósito em domicílio, etc.
- Concessionárias de automóveis: emprestar um carro ou levar o cliente na residência ou escritório, após ter deixado o carro para a revisão ou conserto.

Alguns exemplos de empresas que buscam ser diferentes graças a conveniências oferecidas aos clientes.

1) O "Drive Thru" – um exemplo de conveniência ao cliente.

"Banco lança 'Drive Thru', um caixa automático externo, em que o cliente, além de não precisar sair do carro para operá-lo, poderá realizar todo e qualquer tipo de transação (...). Através de uma portinhola, que se abre automaticamente com a aproximação do veículo, o cliente apanha um tubo plástico transparente, onde introduz os cheques, dinheiro e quaisquer outros documentos necessários à operação. Ao devolvê-lo à máquina, o cilindro é transportado por um sistema pneumático para o interior da agência. (...) o caixa finaliza a transação, devolvendo os comprovantes em poucos segundos."

(Gazeta Mercantil, 18 set. 1995, p. C-5)

2) "... cooper atrás do gás, nunca mais" – A Ultragás muda as regras

"'Semana sim, semana não. Ultragás no portão' ganhou um substituto menos impessoal que caracteriza bem a virada de filosofia: 'Um bom dia, todo dia!'. Acabou aquela história de o consumidor ser escravo do calendário da distribuidora. Agora, a ordem na Ultragás é servi-lo, quando melhor convier a ele."

(Exame, 27 abr. 1994, p. 99)

3) O "supermercado virtual"

"Aquela tarefa enfadonha de fazer supermercado e ainda enfrentar fila no caixa pode ser eliminada de sua vida. O Pão de Açúcar, uma das maiores redes de varejo do país, inaugura, em São Paulo, um sistema de entrega em domicílio em até 24 horas.

Melhor da história: as compras são feitas sem que o cliente saia de casa. Com um catálogo em mãos, o consumidor escolhe as mercadorias; o pedido é feito por meio de um telefone ou fax (...) e quem tiver equipamento multimídia em casa poderá fazer sua compra de supermercado com um CD-ROM – o sistema vai permitir que o consumidor veja os produtos, como se estivesse dentro da loja."

(Folha de S. Paulo, 4 set. 1995, p. 3)

— Para abrir o crédito, o senhor só precisa de: CPF, identidade, cinco referências comerciais, três referências bancárias, comprovante de endereço, atestado de bons antecedentes, etc.

O caminho é este: oferecer ao cliente conveniências, conveniências e conveniências... cada vez mais e mais conveniências. E atenção! Conveniências é o oposto de barreiras, ou seja, de obstáculos. Lamentavelmente muitas empresas, em vez de oferecer conveniências, insistem em criar verdadeiras barreiras e inconveniências para que o cliente faça negócio. A máxima ainda predominante é: "quanto mais dificultar, melhor". (Ver Almeida, 1993, p. 60-63.)

Conhecer o cliente como a "palma da mão"

Para que uma empresa seja bem-sucedida na Era do Cliente, torna-se imprescindível um profundo conhecimento acerca do cliente. Para encantar o cliente não bastam só intenções e ações. É preciso agir; mas agir na direção correta. E para agir na direção correta é necessário conhecer necessidades, gostos e expectativas dos clientes. Do contrário, corremos o risco de desencantar o cliente, mesmo com toda boa intenção (e, de bem-intencionados, o inferno está cheio!).

A Era do Cliente é também a era do indivíduo, ou seja, a era do resgate da individualidade do ser humano. Como dissemos, mesmo produtos que eram consumidos de forma massificada (a exemplo do automóvel), agora estão sendo oferecidos de forma individualizada, com características únicas, personalizadas, ao "gosto do freguês". Evidentemente, para que isso seja possível, é necessário conhecer o cliente muito bem, conhecer seus gostos e desejos. E isso tem de ser feito de forma individualizada. A meta é conhecer o cliente um a um. Para se fazer isso é preciso de ferramenta. E a ferramenta está disponível, é o Database Marketing.

> "(...) vários shoppings se muniram de um instrumento capaz de aumentar sensivelmente as chances de acerto: o database marketing. Eles cadastram seus consumidores mais fiéis, descobrem tudo o que podem sobre eles (...). O fim é sempre o mesmo: usar o marketing de relacionamento com o consumidor para levantar informações (...) Um banco de dados pode dar dicas sobre o que a clientela quer encontrar no shopping, o tipo de promoção preferido e os serviços que a estimulam a manter-se fiel. (...), o banco de dados do Barrashopping é um dos pioneiros do país em seu mercado. Contém informações sobre 200 mil consumidores: renda, padrão e gastos, estilo de vida, hobbies, etc."

(Exame, 26 out. 1994, p. 44-100).

O conceito de cliente mudou. O cliente não é mais quem compra uma vez, mas quem volta para comprar a segunda vez

O negócio com o cliente deixa de ser uma transação para ser uma relação. Transação é objetivo do "camelô", do "picareta", do "marreteiro", do "malandro". Estes têm como objetivo fazer negócio com a "vítima" uma vez só, depois somem. Na transação não há compromisso, o cliente compra uma única vez e não volta nunca mais, por diversas razões: ou foi enganado, ou o produto não presta, ou até mesmo porque o indivíduo ou a empresa que fez a transação não é mais encontrado (todos os picaretas são naturalmente nômades!). Por outro lado, em uma relação, a história é outra. Toda relação é precedida de um cultivo. Quem se relaciona não objetiva resultados imediatistas, mas sim de longo prazo.

Entre a primeira e a segunda compra há uma tremenda diferença. O cliente só volta para fazer a segunda compra se foi cultivada uma relação com ele, se ele foi conquistado. Ninguém, de forma consciente, retorna, se não foi bem tratado. Hoje em dia, em um ambiente altamente competitivo, o cliente passou a ser uma pérola rara que deve ser mantida com todo o carinho e proteção. A primeira compra, o primeiro contato do cliente é apenas uma carta de intenções; é uma chance única de mostrar que a empresa é, para o cliente, sua melhor alternativa. Portanto, é um erro considerar o indivíduo que faz negócio pela primeira vez como um cliente. Na verdade, essa pessoa é um "prospect", ou seja, um candidato a cliente.

Em trabalhos desenvolvidos em concessionárias de automóveis,[23] temos insistido na tecla de que o grande diferencial da indústria automotiva não está dentro das montadoras, mas fora, ou seja, nas concessionárias. Com preços e produtos cada vez mais similares, o grande diferencial estratégico da indústria automotiva passou a ser a excelência no atendimento e no relacionamento que as concessionárias têm com os clientes. A princípio, o cliente pode comprar uma ou outra marca, entretanto a competência da concessionária será um fator fundamental na decisão de o cliente voltar a comprar um segundo carro daquela marca. Afinal, é com a concessionária que o cliente vive centenas de MVs durante o período em que possui o carro.

Preço? Tecnologia? Qualidade do produto? Quem não tem, "tá fora"! A qualidade do relacionamento é que está definindo o jogo! De modo geral, só recentemente as montadoras perceberam isso, e atualmente se encontram "correndo atrás do prejuízo"... para deleite dos clientes.

O cliente ex-chato passa a ser visto como cliente VIP

Como considerar a razão de ser da empresa, a pessoa que, em última instância, é responsável pelo sucesso, pelo lucro da empresa, a pessoa que viabiliza os salários, como "chata"?

---

23. Júlio da Paixão – Revendedor Ford, Santos-SP e Nancy – Revendedor Peugeot, Salvador-BA.

No mínimo, isso é uma tremenda miopia. Se esse pensamento sempre foi equivocado, na Era do Cliente isso é fatal. Principalmente se esse é o ponto de vista da direção da empresa.

A tendência é uma inversão total dessa premissa. Dezenas de pesquisas comprovam que a maioria de clientes insatisfeitos não reclama, simplesmente deixa de fazer negócio com a empresa. Sendo assim, aqueles poucos que retornam devem ser tratados a "pão de ló". Por meio das reclamações e críticas, a empresa passa a ter uma grande oportunidade de melhoria. Há dois ditados orientais que dizem:

"Um problema é uma dádiva de Deus."
"Cada problema é um tesouro."

Você já pensou na hipótese de enxergar o cliente que reclama como um consultor?

É isso mesmo, um consultor. Ele lhe dá feedback, indica pontos para melhoria, dá opiniões, sugere novos produtos e serviços. Enfim, uma consultoria e tanto! E, o que é melhor, uma consultoria de graça. Não aproveitar isso, mais que miopia, é burrice. Pedimos desculpa, mas não encontramos outro adjetivo para classificar

— Mas aquela não é dona Chatilda, que ninguém gostava de atender?
— Era, era... e, por favor, o nome dela é dona Lurdes.

alguém ou alguma empresa que se fecha às criticas e/ou reclamações dos clientes.

Portanto, mudemos o ângulo de visão e façamos com que toda a empresa passe a ver o cliente ex-chato, reclamador, como um cliente VIP (um verdadeiro *very important person*.[24] Sem dúvida ele é especial, por isso merece todas as honrarias.

"Amar o cliente", uma vantagem competitiva

Em julho de 1994, passamos por uma experiência muito gratificante. Fomos convidados a participar, como um dos representantes do Brasil, do Encontro Ibero-americano sobre Valores, realizado pela "Brahma Kumaris World Spiritual University", na cidade de Oxford, na Inglaterra. Durante três dias, empresários, professores e profissionais liberais da Argentina, Brasil, Chile, Colômbia, Espanha, Guatemala, México, Portugal e Estados Unidos debateram e refletiram sobre valores intrínsecos e emergentes na sociedade atual. Particularmente, participamos e fizemos uma apresentação com o subtema: Valores Empresariais. Foi um encontro extremamente rico, no qual aprendemos muito, com a percepção, a experiência dos outros, e com reflexões em conjunto e pessoais. Nesse encontro, consolidamos nossa convicção pessoal sobre uma tendência na área de serviço: amar o cliente – uma vantagem competitiva.

Não só o conteúdo do evento foi uma experiência extremamente positiva, mas também nossa convivência de cinco dias naquele lugar, com os membros da Brahma Kumaris.[25] Por força de nossas atividades, viajamos bastante, e já tivemos oportunidade de vivenciar experiências em diversos lugares, com pessoas de culturas diversas, particularmente no Brasil, que é um país continental. Entretanto, entre todos os lugares, cidades, hotéis, etc., em que já passamos, aquele lugar foi muito especial. Tudo funcionou na mais perfeita ordem, de forma sincronizada. Defeito zero. Tudo disponível a tempo e na medida da necessidade do cliente. Se a perfeição é uma meta inatingível – e o que importa é sempre avançarmos na direção dela –, por uns dias tivemos a sensação de ter estado bem

---

24. Da lingua inglesa *Very Important Person*, que significa "Pessoa Muito Importante".
25. A Brahma Kumaris é uma organização que tem como um dos objetivos a promoção de valores positivos. Foi fundada em 1937, na Índia, e está presente hoje em mais de 60 países, inclusive no Brasil. É filiada à ONU, onde atua com status consultivo.

perto dessa meta. Seguramente, nenhum hotel cinco estrelas do mundo chega junto daquela excelência de serviços. Por favor, não confundir luxo com qualidade em serviços. Particularmente possuímos uma coleção de MVs desastrados, vividos em hotéis "maravilhosos" (!?!?).

Na Universidade Brahma Kumaris, independentemente de tudo sair na "medida" certa, o grande diferencial eram as pessoas: o motorista, o guia, o pessoal da recepção, a cozinheira, o jardineiro, etc. Todos tinham algo em comum: serviam com alegria, de forma lúdica, com muito prazer. Ali havia seguramente alguma fonte de motivação que não poderia ser comprada por dinheiro (todas as pessoas que trabalham nesse lugar são voluntárias). Evidentemente que dinheiro, incentivos, participação de lucros e resultados, gestão participativa, tudo isso é muito importante. Tudo isso fará com que as empresas sejam mais competitivas na Era do Cliente; uma era que, mais do que nunca, exigirá a parceria, a cumplicidade entre proprietários e funcionários. Mas isso tudo não vai ser suficiente. Alguma coisa a mais fará a diferença no futuro. Tudo leva a crer que o modelo com esse "algo mais" seja uma empresa onde todos que dela façam parte tenham um verdadeiro compromisso com o cliente, com seu sucesso. Uma empresa onde todos tenham alegria de servir ao próximo, que encontrem prazer no fazer bem-feito, no ser útil, no servir, no servir bem. E, por que não?, no servir com e por amor ao próximo. Uma empresa que assim seja terá sem dúvida uma vantagem competitiva. E aí, nesse novo cenário, mais e mais líderes empresariais terão a sabedoria de compreender que o sucesso empresarial estará intimamente relacionado à capacidade de pensar, planejar e agir no sentido de servir – na verdadeira plenitude da palavra – às pessoas, ao próximo. E, para a empresa, há alguém mais próximo que o cliente?

Seguramente caminhamos, a passos largos, para uma época em que a classe empresarial se sinta mais à vontade – desprovida de tabus, de cegueira e de preconceitos – em admitir que: amar o cliente será uma vantagem competitiva. Para tal, é preciso mudar paradigmas, mentalidades. E, como toda mudança vital, para que essa efetivamente aconteça, é preciso que comece na cabeça dos dirigentes e vá aos poucos contaminando todos, e por fim seja incorporada à cultura da empresa.

Está em curso uma mudança silenciosa nas empresas. Uma mudança de uma cultura do "levar vantagem em cima do cliente" para uma cultura do "real interesse pelo cliente". A cultura do interesse pelo sucesso do cliente, a cultura do servir, a cultura de servir com amor. Como toda mudança cultural, requer tempo. É preciso "acordar" e começar já!

Que se destaquem rapidamente os dirigentes que assim pensam; que sobrevivam as empresas que assim agem. Sejam rápidos, a humanidade agradece!

Sexta Parte

Em Síntese, Conselhos aos Candidatos a Sobreviventes

Capítulo 19

Ações Indispensáveis para Sobreviver na Era do Cliente

Em síntese,

1. Certifique-se de que sua empresa é efetivamente voltada para os clientes. Se não for, inicie o processo imediatamente. Ponha em prática as ações sugeridas neste livro.
2. Identifique claramente seus clientes. No mínimo, por segmentos; se possível, de forma individualizada. Esse é o ideal.
3. Busque conhecer – em detalhes – esses segmentos, ou cada cliente de forma particular. Para isso, pergunte/pesquise o que o cliente quer. Por melhor que você seja, não caia na tentação do arrogante erro de pensar que sabe o que o cliente quer.

Desenvolva a sensibilidade de traduzir expectativas e tendências em produtos e serviços. Antecipe-se, crie, inove. Saia do lugar-comum. Como se vê, o encanto está no diferencial, no fazer diferente.

4. Ouça o cliente sempre. Seus anseios, necessidades e expectativas mudam a toda hora, a todo instante. Mantenha o canal aberto, se possível 24 horas por dia.
5. Vá ao encontro dos interesses e das expectativas do cliente. Dê, no mínimo, o que ele quer. Feito isso, extrapole na medida e na direção correta do encantamento. Avance sempre.

6. Meça e monitore a satisfação do cliente de forma sistemática e periódica. Crie Índices de Satisfação ou encantamento do cliente. Divulgue, promova os resultados alcançados por toda a empresa. Lembre-se: 1º) ninguém pode ficar de fora; 2º) o bom exemplo contamina e atrai os mais refratários.

7. Investigue, busque obcecadamente identificar todas as barreiras e obstáculos que estão dificultando a construção de uma ponte entre o cliente e você. Destrua-os impetuosamente.

8. Crie o máximo de conveniências para o cliente. Olho no mercado! Cheque se as conveniências que você oferece são "mais convenientes" que "as conveniências" oferecidas pela concorrência. Dê, no mínimo, um pouquinho a mais. Quando alguém chegar perto, avance "duas casas"!

9. Pense e atue verdadeiramente interessado em seu cliente. Pense no cliente como seu sócio. Como tal, o sucesso dele é condição indispensável para seu sucesso. Seja um orientador, um conselheiro com que o cliente possa contar sempre. Cultive o prazer em servir. Inverta a meta: primeiro servir. E o lucro? Este fluirá naturalmente, como consequência.

10. Quando você estiver praticando todas as etapas anteriores, comemore! Você é um sério candidato a ser bem-sucedido na Era do Cliente. Porém, atenção! Comemore, mas não descanse. Nesse processo, não há tréguas.

Capítulo 20

Três Motivos para a Promoção da Excelência em Serviços – Escolha pelo Menos Um!

Primeiro Motivo: de ordem material

Considere a hipótese de um indivíduo (ou algum empresário) que seja extremamente egoísta, que não pense em ninguém, que não tenha o mínimo de responsabilidade social, que só pense em dinheiro, em lucro. Alguém em cuja cabeça jamais tenha passado a possibilidade de "servir" Alguém que não tenha como princípio e prática "o servir". Ainda assim, com toda essa "filosofia pessoal ou empresarial" primitiva, essa pessoa vai entender – mesmo que seja na dor – que o servir, servir bem, servir cada vez mais, passou a ser uma estratégia de negócio, sem a qual ninguém conseguirá sobreviver em um futuro que já começou. Em síntese, uma política, uma diretriz empresarial de "serviço" não é mais uma questão humanística, e, sim, de inteligência, de sobrevivência.

Segundo Motivo: de ordem filosófica

> *"A verdadeira riqueza do homem resume-se naquilo que ele faz pelos outros."*

Confúcio (551-479 a.C.)

Esse segundo motivo movimenta e inspira as pessoas que acreditam que o "servir" é uma forte razão para o "ser". Que a vida é antes de tudo um "serviço", e é pelo "servir" que se processa um efetivo desenvolvimento do ser humano. O poema de Gabriela Mistral[26] manifesta precisamente esta filosofia do "servir".

SERVIR

Toda a natureza é um serviço.

Serve a nuvem.
Serve o vento.
Serve a chuva.

Onde haja uma árvore para plantar,
plante-a você.
Onde haja um erro para corrigir,
corrija-o você.
Onde haja um trabalho e todos se esquivem, aceite-o você.
É muito belo fazer aquilo que os outros recusam.
Mas não caia no erro de que somente há mérito
nos grandes trabalhos.
Há pequenos serviços que são bons serviços:

adornar uma mesa,
arrumar seus livros,
pentear uma criança.

Uns criticam, outros constroem.
Seja você o que serve.
Servir não é faina de seres inferiores.
Seja você o que remove

a pedra do caminho,
o ódio entre corações
e as dificuldades do problema.
Há a alegria de ser puro
e a de ser justo.
Mas há, sobretudo,

a maravilhosa e imensa alegria de servir.

---

26. Poetisa, educadora, diplomata e feminista chilena. Primeiro escritor latino-americano a receber, em 1945, o Prêmio Nobel de Literatura.

Terceiro Motivo: de ordem espiritual

Esse motivo inspira as pessoas que consideram que o "serviço" é o canal de ligação do homem ao divino. Que entendem que o serviço ao próximo é uma extraordinária possibilidade de evolução. O "servir" é uma lição comum, dada por todos os grandes mestres da humanidade, que por aqui passaram. O "serviço" é uma página presente em todos os livros sagrados da humanidade. "Servir" não é uma meta, mas um processo de melhoria contínua. O "servir" tem início, é um meio, mas não tem fim. "Servir" é um eterno caminhar.

Entre estes três motivos, escolha um... pelo menos um. E se mexa!

O que não é possível é deixar de adotar essa nova (nova ou esquecida?) forma de pensar e agir, e continuar a ser bem-sucedido no atual mundo de negócios.

Em vez de apenas um, se possível, apegue-se a dois motivos. E por que não aos três? Quem disse que são exclusivos?

Para finalizar, uma visão!

Entre os fatos, dados e argumentos contidos neste livro – permita-nos, caro leitor (com todo respeito à sua crença pessoal, a todas as crenças do mundo, e também às não-crenças) –, emitir uma opinião, uma visão:

> *Serão mais bem-sucedidos os homens e as empresas*
> *que adotarem, de forma holística, não só um, mas os*
> *três motivos (o material, o filosófico e o espiritual),*
> *para promoverem a excelência em serviços em*
> *seus negócios, e em sua própria vida.*

> "Quem tem ouvidos para ouvir, ouça."
>
> Marcos, 4:9

Referências Bibliográficas

ALBRECHT, Karl. *A única coisa que importa:* trazendo o poder do cliente para dentro da empresa. São Paulo: Pioneira, 1993.

_____. *Revolução nos Serviços:* como as empresas podem revolucionar a maneira de tratar os seus clientes. São Paulo: Pioneira, 1992.

_____; CARLZON, Jan. *Vencendo na Revolução do Cliente.* São Paulo: Seminário Internacional HSM, 7 out. 1993. Apostila.

_____; ZEMKE, Ron. *Service America!*: *Doing Business in the New Economy.* Homewood, EUA: Dow Jones-Irwin, 1985.

ALMEIDA, Sérgio. *Cliente nunca mais: 500 dicas para irritar ou perder o cliente sem fazer força.* Salvador, BA: Casa da Qualidade,1993.

_____. *Momento da Verdade: Encantos & Desencantos.* Salvador, BA: Conferência proferida em diversos estados brasileiros, 1992. Transparências.

_____. *O Cliente Encantado: como criar uma estratégia para conquistar e fidelizar clientes.* Salvador, BA: Curso Nacional da Cetta-Excelência Empresarial. 1993. Apostila.

A TARDE. Salvador, BA, 7 set. 1995. Tempo Presente, p. 2.

BÍBLIA.//Português. *Bíblia Sagrada.* Tradução por José Ferreira de Almeida. Brasil: Os Gideões Internacionais, 1976, p. 112.

BLOCH, Philippe; HABABOU, Ralph; XARDEL, Dominique. *Serviço Incluído: clientes felizes fazem empresas de sucesso.* Lisboa: Monitor, 1990.

BRAVERMAN, Harry. Trabalho e *Capital Monopolista: a Degradação do Trabalho no Século XX.* Rio da Janeiro: Zahar, 1977.

CAMPOS, Vicente Falconi. *TQC: Controle da Qualidade Total* (no estilo japonês). Belo Horizonte, MG: Fundação Chistiano Ottoni, 1992.

CARLZON, Jan. *A Hora da Verdade*. Rio de Janeiro: COP, 1989.

CETTA Excelência Empresarial. *O Cliente Encantado*. Simpósio Nacional, Salvador, BA, 6 e 7 mai. 1993. Apostila.

_____. *O Cliente Encantado*. Simpósio Nacional. São Paulo, 29 e 30 jun. 1993. Apostila.

CSILLAG, João Mário, *Análise de Valor: Metodologia do Valor*. 2ª ed. São Paulo: Atlas, 1986.

DENTON, D. Keith. *Qualidade em serviços: o atendimento ao cliente como fator de vantagem competitiva*. São Paulo: Makron Books, 1991.

ELTZ, Fábio. *Qualidade na comunicação: preparando a empresa para encantar o cliente*. 2ª ed. Salvador, BA: Casa da Qualidade, 1994.

EXAME. "A montadora com pinta de alfaiataria". São Paulo: Abril, p. 42-45,16 ago. 1995.

_____. "Fazer cooper atrás do gás nunca mais". São Paulo: Abril, 98-99, 27 abr. 1994.

_____. "Quem sabe ouvir fala mais alto". São Paulo: Abril, p. 71, 25 mai. 1994.

_____. "Os que largaram na frente". São Paulo: Abril, p. 74-78, 4 set. 1991.

_____. "Sherlock Holmes faz escola". São Paulo: Abril, p. 99-101, 26 out. 1994.

_____. "Seção Cartas". São Paulo: Abril, p. 10, 7 dez. 1994.

_____. "Um big brother que dá para encarar". São Paulo: Abril, p.78-80, 28 set. 1994.

FERREIRA, Aurélio Buarque de Holanda. *Novo Dicionário da Língua Portuguesa*. 2ª ed. Rio de Janeiro: Nova Fronteira, 1986.

FOLHA DE S. PAULO. "Cresce o número de malas extraviadas". São Paulo, 21 dez. 1994, p. 3-1.

_____. "EUA lançam 'Disque 800' grátis no Brasil". 3 mai.1995, p. 3-4.

_____. "Hospitalidade brasileira é unanimidade". 1 jun.1995, p. 6-16.

_____. "JAL recebe críticas dos Estados Unidos". 17 ago.1995, p. 2-2.

_____. "Mercosul e Europa acertam a formação de superbloco". 15 set.1995, p. 1-5.

_____. "Serviço ao consumidor cresce de 50 para 1500". 24 jul.1995, p. 3-4.

_____. "Seção: Seus direitos". 17 abr. 1995, p. B-6.

_____. "Pão de Açucar inaugura 'supermercado virtual'". 4 set. 1995, p. 2-3.

_____. "Propaganda enganosa é líder no Procon". 2 ago. 1995, p. 6-4.

_____. "Propaganda enganosa por telefone". 8 mai. 1995, p. 6-4.

FPNQ, Fundação para o Prêmio Nacional da Qualidade. "Critérios de Excelência". São Paulo, 2001.

_____. "*Boletim Excelência*". São Paulo. Edição Especial. p. 4, nov/93.

GERBER, Michael. *O Mito do Empreendedor: como fazer de seu empreendimento um negócio bem-sucedido*. São Paulo: Saraiva, 1992.

GAZETA MERCANTIL. "Aumentam as compras via Internet". São Paulo, 7 jul. 1995, p. C-5.

_____. "Circo e cinema nas revendas de carros". São Paulo, 11 ago. 1995, p. 1 e C-8.

_____. "Citibank conquistou prêmio nacional da qualidade pelo bom atendimento a cliente". São Paulo, 20 out. 1994. Tecnologia, p. 9.

_____. "Cliente não sai do carro para usar um novo caixa automático". São Paulo, 18 set. 1995, p. C-5.

_____. "Método repassa para clientes redução de custos na obra". São Paulo, 9 ago. 1995, p. C-3.

_____. "No Brasil, vendas em alta". São Paulo, 30 mai. 1995, p. C-7.

_____. "O herdeiro que comanda a network dos Marinhos". São Paulo, 4 set. 1995. Memo, p. 1.

_____. "Procon solta lista de empresas com mais reclamações: primeira divulgação". São Paulo, 25 mar. 1992, p. 37.

HARRINGTON, H. JAMES. *O Processo do Aperfeiçoamento: Como as Empresas Americanas Líderes de Mercado Aperfeiçoam o Controle de Qualidade*. São Paulo: McGraw-Hill, 1988.

HOROVITZ, Jacques. *Qualidade de Serviços: a batalha pela conquista do cliente*. São Paulo: Nobel, 1993.

HUBERMAN, Leo. *História da Riqueza do Homem*. 18ª ed. Rio de Janeiro: Zahar, 1982.

IDEC, Instituto Brasileiro de Defesa do Consumidor (org.). Marilena Lazzarini, Josué Rios e Vidal Nunes Jr. (autores). *Código de Defesa do Consumidor*: anotado e exemplificado pelo IDEC. São Paulo: ASV, 1991.

ISTO É. "Sua Majestade, o Cliente". São Paulo: Editora Três, 4 mai. 1994.

LESSA, Jorge. *Qualidade Competitiva no Brasil: transformando valores, atitudes e comportamentos na busca da qualidade total*. Salvador, BA: Casa da Qualidade, 1995.

NORMANN, Richard. *Administração de Serviços: estratégia e liderança na empresa de serviços*. São Paulo: Atlas, 1993.

NOVA. "11 atitudes inteligentes para que nada de ruim atrapalhe a viagem de seus sonhos". São Paulo: Abril, 6 jun. 1995.

ODEBRECHT, Norberto. *Influenciar e ser influenciado*. Vol. 2. Salvador, BA: Fundação Emilio Odebrecht, 1985.

O'DONNELL, Ken. *Raízes da Transformação: a qualidade individual como base da qualidade total*. 2ª ed. Salvador, BA: Casa da Qualidade, 1995.

O LIBERAL. "Consumidor procura menos direitos". Belém, PA., 1 jul. 1995, p. 2-3.

O ESTADO DE S. PAULO. "Nos EUA, há listas de autônomos reprovados". São Paulo, 23 jan. 1995, p. B-10.

_____. "São Paulo inicia sistema integrado de defesa". 17 abr. 1995, p. B-6.

PINE II, B. Joseph. *Personalizando produtos e serviço: a nova fronteira da competição dos negócios*. São Paulo: Makron Books, 1994.

QUOTATION, Dictionary of. Oxford: Helicon Publishing, 1994.

SEWELL, Carl; BROW, Paul. *Clientes para sempre*. São Paulo: Harbra, 1993.

TURPIN, Dominique. "O consumidor vale mais que o lucro". In: EXAME, São Paulo, p. 63-64, 18 jan. 1995.

WHITELEY, Richard. *A Empresa Totalmente Voltada para o Cliente: do planejamento à ação*. Rio de Janeiro: Campus, 1992.

ZULZKE, Maria Lúcia. *Abrindo a Empresa para o consumidor: a importância de um canal de atendimento*. Rio de Janeiro: Qualitymark, 1991.

MADRAS Editora

Para mais informações sobre a Madras Editora, sua história no mercado editorial e seu catálogo de títulos publicados:

Entre e cadastre-se no site:

www.madras.com.br

Para mensagens, parcerias, sugestões e dúvidas, mande-nos um e-mail:

marketing@madras.com.br

SAIBA MAIS

Saiba mais sobre nossos lançamentos, autores e eventos seguindo-nos no facebook e twitter:

@madrased

/madraseditora